台灣淪陷

黃昭堂〔著〕　張國興・黃英哲・王義郎〔譯〕

自序

　　我本來學習經濟學，到日本以後，改變了計劃，專攻國際關係論。我一向認爲，像台灣，在地政學上如此重要的島嶼，美國自早就不願拱手讓給共產國家。但是日本的政論界以及學界都認爲，美國看著中國國民黨敗於中國共產黨，遂決定放棄台灣，到韓戰爆發後才做政策上一八〇度的大轉變，開始防衛台灣。

　　我不相信這種觀點。我在1959年的國際關係論碩士課程，選擇「韓戰期美國的台灣政策」做論文題目。但是1961年提出的那篇碩士論文，被考試委員會判定不足於晉昇博士課程的程度，而遭遇滑鐵盧。優秀的學生兩年就解決的碩士課程，我竟然花費了三年之久。在第三年，考試委員會才讓我過關。這篇論文就是本書第四篇，有關美國「台灣中立化政策」的文章。

　　1968年3月28日，我因聚衆企圖阻止日本政府強制送還柳文卿的事件，被以違反航空法、妨害公務、妨害營業之罪嫌，關進東京都警視廳。在該年度學位論文截止最後一日的3月30日，我從東京警視廳拘留所提出我的博士論文「台灣民主國的研究」。但是天公不願疼憨人（gōng-lâng），當時教授會忙於應付佔領東京大學校舍的左派學生，竟將我的論文放置不管，去開他們不著

邊際的教授會，幾達九個月之久，過了新年以後才開始審查我的論文。大概他們感覺對我歹勢，這次讓我安全過關了。在這篇論文寫作的過程中，我蒐集的資料有不少沒有用到，眞可惜。於是我從另外一個角度來探討日本帝國如何處理有關佔領台灣的事務。這就是本書第一篇有關「日本接收台灣」的論文。

大約1969年左右，國際學界鼎鼎大名的衛藤瀋吉教授，認為「文化衝突」這個用辭不適當，改用「文化摩擦」，之後日本學界竟然競相採用。1984年他六十歲退休時，弟子們以「文化摩擦」爲題，發行論文集。我將日本文化與台灣文化的互動寫成一篇論文。那就是本書第二篇有關「殖民地文化摩擦」的文章。

朝鮮、日本屬於東北亞，而菲律賓以南才是東南亞，外國人提起東北亞時，並不包含台灣在內；東南亞又無台灣的份，台灣被遺忘了。這是我所耿耿於懷的代誌。對我而言，東北亞也好，東南亞也好，東亞、亞東攏總好，只要有台灣就可以。1986年，日本國際政治學會計劃出版以「亞洲的民族與國家」爲題的論文集，我想此時若不將我國我民列入，在日本讀書、教書的我，就毫無存在的價值了。於是我自薦寫「台灣的民族與國家」。果然，編輯委員會諸公之中有人大放厥詞說：「哪有台灣民族？哪有台灣國？台灣人是中國人，而台灣是中國的一部分！」你看，鄧小平先生與蔣經國先生他們這些中國沙文主義者的影響力多大！所幸，經過一場激辯之後，多數決定讓我的「台灣」存在了。這就是本書第三篇有關「台灣人意識」的論文。

「自決」對台灣而言，就是「獨立」之意。在1950年代僑居

外國的台灣人社會裡面，就有「自決」、「獨立」的主張，但是在台灣內部，「獨立」是禁句，連看起來比較溫和的「自決」也是禁語。然而從1971年台灣基督長老教會的〈國是聲明〉以後，台灣內面「獨立」的聲音開始透過「自決」這個管道響起來了。以後在美國的一部分台灣人看著在台灣「自決」的言論可以講，竟然轉舵主張：「不要講獨立，講自決就可以。」這種風氣使我感覺有重新整理「自決」理論的必要性。這就是本書第五篇的文章。

　　本書所收的文章，都與「台灣被外人佔領」的狀態有關。所以合編起來稱為「淪陷下的台灣」是適切的。不過內容甚少涉及「外來統治的狀況」，因而以《台灣淪陷論文集》為書名。

　　感謝台灣現代學術研究基金會，尤其是鄭欽仁、李永熾兩位前後任董事長刊行這本書，又要感謝在日本的三位同學：久留米大學張國興教授、近畿大學王義郎教授、關西學院大學黃英哲博士。三位先生無惜自己寫作、研究的寶貴時間，為我翻譯。又感謝李榮泰教授為我做校正這種麻煩的工作，在此謹致感謝之意。

　　最後，我必須向現代學術研究基金會道歉，1992年9月已經排版，我卻一拖再拖，發行竟然慢了四年之久，以致為汪瑞娟女士增加麻煩。謹此致以歉意。

黃昭堂謹識

1996年7月8日

台北市北投

複刻新排版序

　　這本書原題是《台灣淪陷論文集》，1996年11月，由財團法人現代學術研究基金會發行。經過了幾近十年，前衛出版社林文欽社長提案由該社改訂發行。林社長有意將我的著作集中在前衛出版。這是出自林社長對我的好意。但是這牽涉到版權問題。我與現代學術基金會董事長李永熾教授與基金會創辦人鄭欽仁教授商量，得到兩位教授、好友的同意。在此謹致感謝之意。

　　林文欽社長在百忙之中，閱讀本書四次，並將錯字、譯文一一斟酌，且將傍註部分轉記在引用文當頁下，這顯然合於最近學術書籍之作法。感謝林社長的費神。

　　我也利用這個機會重溫昔日寫作時的情境。其實在這十年間，我身邊也有重大變化，1998年從昭和大學退休，同年由日本遷回台灣居住。2004年吾妻蓮治逝世，使我特別思念早時的種種。

黃昭堂謹識
2005年2月17日
於台北市杭州南路台獨聯盟辦公室

自序
複刻新排版序

日本接收台灣及其對外措施

殖民地與文化摩擦
——在台灣推行同化主義的心理糾葛

第二次大戰前台灣人意識的探討

美國決定「台灣中立化」政策之過程

自決的理論與實踐

翻譯者一覽

日本接收台灣及其對外措施

前言

　　日本經由日清甲午戰爭而取得台灣。一般認爲，日清兩國在1895年6月2日由全權委員辦完移交手續，但實際上，這只是形式上的手續。日本要完成實質上的接收，還得動用大軍死鬥六個月之久。

　　由於日本所接收的台灣是適用清國所接受的不平等條約的地區，因此日本並非接收一個無瑕無疵的領土。在修改不平等條約方面正有斬獲的日本，如何處理適用於新領土台灣的清國統治時代不平等條約，是一個有趣的問題。

　　本論文論述1895年的接收措施。但因對外措施並未於本年告終，故有關該問題的敘述時間還要向後延伸幾年。又1895年的接收工作可謂只限於土地及地上物，住民則在二年後行使國籍選擇權的結果，方才成爲日本臣民。其間，台灣住民被視爲「清國人」，關於這個問題，也要加以討論。

　　日本爲了要完成對台灣的實質接收而動用大軍，考其原因，

是台灣住民強烈地展開武裝抵抗所使然。這個問題，另詳拙著《台灣民主國之研究》(日本東京大學出版會出版，1970年)，在此從略。

接收台灣之過程

形式上接收之過程

自1895年3月20日開始的日清和談，在日本戰勝的背景下，由日方的片面要求主導，4月17日簽訂日清馬關條約(下關條約)，清國賠償日本軍費二億兩銀，並給予各種特權，還割讓遼東半島及台灣。

關於領土的割讓，清國全權代表李鴻章在赴日以前，已根據確切的預測而訂下方案。因此在3月2日西太后召見李鴻章時，雖然光緒皇帝反對，但已預定割讓遼東或台灣，不得已時則二者均割讓[1]。不過這只是就可以預料的情況所採取的措施；另一方面，李鴻章也策動列強出面干涉。當時清國期待，若日本以割讓遼東、台灣爲和談條件，則列強必出面干涉[2]。因此，李鴻章在談判時，企圖延緩割讓領土的期限。

[1] 張之洞《張文襄公全集》，1928年，北平，第143卷，電牘22，汪委員來電(光緒21年2月初9日申刻到電)。
[2] 矢野仁一《日清役後支那外交史》，1937年，東方文化學院京都研究所，75～8頁。

　　關於割讓土地的移交，李鴻章提議在條約批准後再做規定，但爲日方所拒。接著，他以台灣抗日意識高漲而他本人對台灣地方政府當局並無指揮權爲理由，提議在條約批准後六個月才辦理台灣交接手續。但是日方不理他的拖延對策，擬好有關交接領土的特殊規定，主張簽約時應同時決定交接手續，而交接的期限，則應於條約批准換文後一個月內，由雙方政府派出委員到台灣，並在該條約批准換文後兩個月內完成交接工作。結果，在未提派出委員的最後期限下，達成協議：「和約批准換文後，兩國政府應即派出委員到台灣，在兩個月內進行交接。」[3]同爲割讓地區的遼東半島之所以沒有類似規定，乃因該地區已被日軍佔領，故不必特予規定交接手續。關於遼東的劃界期限，經決定爲一年。

　　馬關條約雖於4月17日簽訂，但在23日，俄、德、法三國出面反對割讓遼東半島，此後日本政府爲三國干涉所苦。

　　另一方面，三國干涉一開始，清國就策劃使三國干涉的範圍擴大到阻止割讓台灣。反對和談者更企圖推翻整個條約[4]。不過，三國干涉終究只限於遼東問題，而屈服於三國壓力之下的日本，乃通知俄、德、法三國，願歸還遼東半島。日清馬關條約終於按照預定日期，於5月8日簽字換文，並在法律上確定台灣爲日本領土。

　　談和仍在交涉中，日本政府就已委託外籍顧問研究新領土的

〔3〕日本外務省藏版《日本外交文書》，第28卷第2冊，422～4頁。
〔4〕拙著《台灣民主國の研究》，1970年，東京大學出版會。參照第2章第2節，〈列強的態度——清國的對外談判〉。

統治政策。然而這些顧問雖對列強的殖民地知之甚詳，對台灣卻少有認識，因此也拿不出什麼策略來。值得注意的是，魯奔（Michel Lebon）在4月22日提出的「關於統治遼東及台灣之建議」：「固不應由東京過份統御，而應以廣泛的權限委諸總督及其屬下。」[5]不管Lebon的建議是否被採納，人們以後就會知道台灣總督的確擁有獨裁的大權。

日本政府內部有人通曉台灣事務，此即當時擔任日本衆議院書記官長的水野遵和海軍軍令部長樺山資紀中將。牡丹社事件發生時(1871年，台灣住民殺死琉球漁民的事件)，任熊本鎮台鹿兒島分隊長的樺山曾赴東京報告事件始末，並從此注意台灣。他爲了談判該事件而隨同柳原前光公使抵達清國，三年中往返於清國和台灣之間，更先後三次、費時八個月踏勘台灣各地[6]。水野也曾多次勘查台灣，當1874年日本出兵台灣時，他也隨軍前往[7]。此二人即爲日本統治台灣草創期的總督府兩個巨頭，對日本來講，可以說是最適當的人選。

內閣總理大臣伊藤博文在馬關條約批准換文之前，就預定任命樺山爲台灣總督，因此當條約一批准換文而使台灣在法律上成爲日本領土後，就於5月10日晉升樺山爲大將(上將)，並任命爲

〔5〕伊藤博文編《台灣資料》，1936年，秘書類纂刊行會，408頁。

〔6〕藤崎濟之助《台灣史と樺山大將》，1926年，國史刊行會，243～745頁。

〔7〕大路會編《大路水野遵先生》，1930年，台北，大路會事務所，第2章。

台灣總督，兼任台灣陸海軍務司令官及台灣授受（交接）全權委員。任命海軍將官樺山資紀，除了因他具有豐富的台灣知識以外，可能還考慮到日本海軍對佔領台灣特別積極，而且台灣是離日本本國最南端幾百海浬的孤島，預料台灣住民會起而抵抗，故需以武力鎮壓等因素。條約批准換文後才任命樺山，而水野被任命為辦理公使，卻是在批准換文的前一日，即5月7日[8]。完成批准換文以前，台灣的交接問題還在未定之天；而且，事實上，5月7日清方還曾透過美國公使向日本政府提議延期批准和約[9]。由此可見，失去佔有遼東機會的日本，已決心非取下唯一的割讓地台灣不可。辦理公使水野遵當前的任務是辦理交接手續，5月21日他又被任命為台灣總督府代理民政局長，此後至1897年7月止，一直是民政局的最高負責人。他在完成交接手續後，仍繼續辦理公使的兼任職務[10]，負責在台與外國折衝的任務。

　　另一方面，清方的台灣交接全權委員人選卻遲遲未決。清國內部大多認為，締結亡國條約的責任應由李鴻章、李經方父子來

─────────────

〔8〕日本內閣官報局《官報》，3558號(1895年5月13日)，130頁。

〔9〕前引書《外交文書》，第28卷第2冊，446～7頁。

〔10〕水野的辦理公使職位不知持續到何時，至少在1896年3月時仍為「辦理公使」。《第九回帝國議會眾議院議事速記錄》，1896年3月26日，821頁。
　　根據1875年制訂的「外務省職制及事務章程」規定，辦理公使的職務是「短期派遣或駐在外國，掌理本國與其駐在國的交往事宜，以貫徹兩國友好之意」。外務省百年史編纂委員會編《外務省の百年》，上卷，1969年，原書房，118頁。因此在本國境內設置辦理公使，未免奇怪。事實如何，有待日後考證。

負，因此李氏父子應擔當這項恥辱性任務，清廷乃於5月18日任命李經方為全權委員。此時正值台灣抗日運動澎湃，他自覺危險，藉口生病，想逃脫此項新任務。其父李鴻章也憂心忡忡，奏請派遣前台灣布政使顧肇熙或管轄台灣的閩浙總督等更適當的人選，但仍歸徒勞[11]。擔心兒子命運的李鴻章轉而再三要求日方予以保護，央求以海上或日軍所佔領的澎湖島為會合地點[12]。對此，日方答以姑且指定淡水為會合地點，如果清國全權代表遭到困難，則暫時護送到澎湖島或福州，若台灣島發生騷動，則予以鎮壓後才和李經方上岸。經日方如此關懷，李鴻章才安心[13]。

5月21日，台灣總督樺山資紀在京都決定了台灣總督府的主要人事，27日在琉球中城灣和近衛師團台灣先遣部隊會合，直驅台灣。然而台灣的抗日運動出乎意料地澎湃高漲，5月23日台灣宣佈獨立，25日成立台灣民主國。同日，兩艘日本軍艦駛近預定上岸的地點淡水港時，岸上即予砲轟，至此證明台灣島內事態嚴重。為此，日軍放棄在淡水上岸，把登陸地點改為基隆附近，然後由此進入台北，和清國全權代表會合[14]。

李鴻章很快就接獲台灣獨立的消息，他把台灣的獨立通告稱為「奇文」而有意外之感；也許因此意外事件而認為自己的兒子

〔11〕王彥威編《清季外交史料(光緒朝)》，1932～5年刊，1963年，台北，文海出版社複印本，第112卷，15～6頁，全權大臣李鴻章致總署代李經方懇辭往台商辦事件請代奏電，附旨(光緒21年4月25日)。
〔12〕前引書《外交文書》，第28卷第2冊，569～70頁。
〔13〕同上，571～3頁。
〔14〕伊能嘉矩《領台始末》，1904年，台北，台灣日日新報社，19頁。

可免承擔重任，於是就打電報給李經方說：「汝可無庸前往，往亦無地可交。」[15]但是李經方因伊藤總理催促，已於29日晚上從上海出發[16]。為求安全起見，他的座船公義號懸掛德國國旗。6月1日，公義號和樺山總督所搭乘的橫濱丸在三貂角海面相會。在29日，即兩天前，日軍已開始展開台灣登陸戰。樺山的意思是徵詢清國委員的意見後，再決定交接手續究竟是按照計畫在台北舉行或在船內舉行[17]。

6月2日上午10點，李經方到橫濱丸親訪樺山並舉行首次會談。李經方毫不隱諱對自身安全的憂慮，他的發言無一不是關於他個人的安全問題。他說：

「關於割讓台灣，大家都妄想是因我們父子談判的結果，對我們一家懷恨甚深。下官若登陸台灣，必即刻被斬殺。深盼下官不必上岸。」[18]

此外，又以「台灣島上發生人民暴動，無法辦理交接」，「有病在身，且此地於健康甚為有害」為理由，熱切希望早日完成交接手續後歸國。他又說，台灣住民比其他清國人慓悍強暴，請樺山注意對付台民的方法[19]。條約既然已經批准換文，台灣就非清國領土，但身為統治台灣213年之久的清國全權委員，李

---

〔15〕李鴻章撰、吳汝綸編《李文忠公全集》，電稿，光緒31～4年刊，第21卷，寄伯行，光緒21 (1895)年5月初4日辰刻發電。

〔16〕同上，伯行上海來電，光緒21年5月初5日辰刻到電。

〔17〕伊能，前引書《領台始末》，17頁。

〔18〕同上，19頁。

〔19〕同上，20～1頁。

經方的態度未免太顧慮自己，而完全不關懷台灣住民。

第二次會談在同日上午11點20分由樺山前往公義號上舉行。這時，樺山促請李經方注意有清國官兵參加島內抗日運動。對此，李經方說他來台灣才聽說台灣住民設立共和國政府，此事和清國政府無關[20]。其實，陳季同（後來擔任台灣民主國外交督辦）已先通知他台灣獨立的事實，獨立後，福士德（John W. Foster）也告訴他此一事實，同時他也看過有關此事的新聞報導[21]。Foster是受李鴻章所託而隨同李經方到台灣的。李經方說來到台灣才知道台灣獨立的事實，無非是為了避免樺山追問台灣獨立問題的遁詞。

第二次會談時，李經方還是喋喋不休地大吐他的苦水，而且稱呼台灣住民為蠻民，並懇請樺山為他消除台灣住民對李氏一家的怨恨。他說：

「下官深信以閣下的卓越才能出任總督、駕臨台灣，必能迅速平定騷亂，收到開導蠻民的效果。尤其盼望閣下在平定台灣之後，教導島民，使其知道台灣是根據和約由日本接收的，並應消除對李氏一家的怨恨。」[22]

第二次會談僅歷時25分鐘就結束。同日下午2點，水野公使親訪公義號討論交接事宜。這時，李經方提出事先所草擬有關交

---

[20]同上，22～3頁。
[21]前引書《李文忠公全集》，電稿，第21卷，伯行上海來電，光緒21年5月初3日酉刻到電及5月初5日辰刻到電。
[22]伊能，前引書《領台始末》，24頁。

接台灣的文件，但水野認爲草案內容不妥而拒絕接受。其理由是草案中有台灣島內人民自行設立政府等字樣，如果以此載入兩國間的公文書，就無異於公開承認台灣在造反並已成立政府等事實。關於這一點，李經方也未堅持，他接受了水野的意見。於是雙方根據日方準備的草案進行討論，並於是日下午4點就「台灣受渡（交接）公文」完全達成協議。協議首先在橫濱丸由樺山簽字，下午9點在公義號再由李經方簽名。完成任務的李經方，則於深夜零時30分起錨回國[23]。

可是，這時所換文的〈台灣受渡公文〉，其內容只籠統地說明已完成台灣全島所有港口和各府、廳、縣之城池、武器製造廠，以及官有物的交接[24]，這是根據只想把手續辦完以便能儘快回國的李經方之意見所做的規定。雖然李經方認爲應列舉各港口和府、廳、縣屬下的官有物項目，但因他自己從未到過台灣，也不知道究竟有何官有物，因此想委由日方列舉項目，因爲他認爲日方比自己知道得更詳細。水野同意這項建議而想展開工作時，李經方還替日本著想，並表示進行這種作業「或可免於遺漏，故台灣全島及澎湖列島的各港口及府、縣、城池、武器製造廠，以及其他官有物均可無遺漏之虞」，於是就按照他的建議處理了[25]。

本來，交接手續的最大功用在於減少更換新舊統治者的大變

〔23〕同上，25～9頁。
〔24〕前引書《外交文書》，第28卷第2冊，578～9頁。
〔25〕伊能，前引書《領台始末》，26～7頁。

動所帶來的混亂，並使後繼的新統治者能順利繼承統治。可是
1895年的台灣交接，由於台灣當地發生激烈的抗日運動，當然也
就不能期望這種效果；而且由於割讓土地的清國全權委員怯懦無
能，以致交接事宜草草了事，並以破天荒的方式——不是在割讓
地的陸上，而是在海上辦理交接手續。對於這種情形，一部分的
台灣抗日運動者認為是清國蔑視台灣的證據，從而更加強其抗日
的決心。這似乎有助於消除他們對清國所存的幻想[26]。另一方
面，由於手續簡化的結果，日方在欠缺台灣公有財產詳細目錄的
狀態下進行接收工作。在這種最壞的情況下進行接收，是日本政
府始料所未及的。按照當初的計畫，接收手續應該如下：

　　日本接收委員到台灣和清方交接委員會商後，派遣屬下官員
分赴台灣島內各府，會同各府知府及統兵官員接收城池、砲台、
營房、公署等。使來自清國大陸的軍人迅速撤退，並解散由台灣
當地人民組成的民軍。住民私藏的武器應全部繳交日軍。清國地
方官員應即刻交出所有的公文檔案、租稅調查資料、有關法律訴
訟的文件圖籍，並於移交事宜辦完後應立即離開台灣。暫時留用
清國地方官的舊有幕僚及若干胥吏，並禮遇台灣紳士，以使其協
辦善後事宜[27]。

　　可是由於上述的過程，此項接收手續遂成為紙上談兵。日方
之所以接受清方的要求，完成形式上籠統的交接手續，主要是考

---

〔26〕江山淵〈徐驤傳〉，上海，商務印書館刊行《小說月報》，第9卷第3
　　號(1918年3月)，3～4頁。
〔27〕前引書《台灣資料》，1～5頁之〈台灣接收事宜〉。

量：與其今後可能招致行政上的困擾，不如先完成條約所規定的手續，以便早日確立領台的事實，因為日本很擔心列強會出面干涉。這點容後敘述。

樺山總督於6月2日一完成台灣交接手續後，就以台灣總督的名義公佈日本內閣所轉頒的〈關於領台之告諭〉。同日，日人將該告諭和以辦理公使民政局長水野遵名義發表的〈領台聲明書〉分送駐台的各國領事，聲明盡力保護管轄地區內的外國人。而日本本國政府則遲至7月19日，才以代理外相西園寺公望的名義，將領台宣言分送各國駐日公使[28]。如此，日本領台不但在法律上已確定，而且相關手續也全部完成，可是這僅止於形式上的手續而已。

實質上接收之措施

日本對於佔有台灣，在接收之前就已擬妥大致的施政方針。在5月10日樺山被任命為總督時，這項施政方針就同時由內閣總理大臣伊藤博文交付樺山總督。由於水野遵在幾天前已被任命為辦理公使，而且樺山的任命也早已內定[29]，再加上樺山和水野兩人又十分熟悉台灣的情況，因此可以想見〈有關赴任時政治大綱之訓令〉（以下簡稱〈政治大綱〉）此一施政方針，也參考了這

---

〔28〕前引書《外交文書》，第28卷第2冊，581～2頁；大路會，前引書《水野遵》，52頁。

〔29〕伊藤博邦監修、平塚篤編《伊藤博文秘錄》，1929年，東京，春秋社，436～7頁。

兩人的意見。〈政治大綱〉賦予台灣總督以大權，其規定如下：

「……奉承詔命，佈達大綱如左，以資貴官執行重任之
需。本無意掣肘貴官之行事，若將來有未測之事發生，
其性質屬於急迫而無暇向政府電告待命時，貴官可斟酌
符合本訓令之措施，臨機獨斷，事後再將事情始末呈報
即可。」

接著指示接收台灣時應辦事項：總督府應設置民政、財政、
外務、殖產、軍事、交通、司法等七部；此外對各國駐台領事、
領事裁判及台灣住民等方面也各有指示[30]。但誠如字面意義所
示，〈政治大綱〉是供台灣總督參考的意見，總督仍然可以採取
和大綱相反的應變措施。

關於台灣的統治機構，雖已有上述概略的構想，但這並非定
案，而且不久之後也的確有所變更。由於日本以往未曾有過殖民
地，這一切都是新的嘗試，因此個人的作風壓倒制度的規範。樺
山受命為總督後，認為必須制訂台灣總督府條例，並在內閣中設
置台灣事務局以做為事務統籌機關，但當他向內閣呈請時卻得不
到批准[31]。這並非由於日本內閣認為沒有必要，反而似是尚無
確定的構想所致。事實上，樺山的提案在不久之後就實現了。樺
山在提案未獲批准的情況下，就先於5月21日採取臨時措施，制
訂了台灣總督府暫行條例。在〈政治大綱〉所列的七部之中，軍

---

〔30〕日本外務省藏版《日本外交文書》，第28卷第2冊，553～6頁。
〔31〕外務省條約局法規課編印《日本統治下五十年の台灣(外地法制誌第
三部の三)》，1964年，141頁。

事部改爲陸軍局及海軍局，並在其他六部之外又增加一個學務部，置於民政局之下。這樣一來，總督府就設置三個局，樺山乃率領新任命的部屬赴台，而在台灣遇到抗日運動者的抵抗，此後並展開長達半年的台灣攻防戰。由於事態如此，所以在完成交接手續後，總督府無法立即登陸，而必須等到攻陷基隆，才於6月6日在基隆開設總督府[32]。

台灣第一期的武裝抵抗運動，始於日軍登陸的5月29日，期間歷經台灣民主國的興亡(5月25日～10月19日)，至是年年底方告一段落；翌年起至1902年止，爲台灣攻防戰餘波盪漾的第二期抵抗運動；零星的武裝起義則爲第三期的抵抗運動，這一直延續到1915年，以後繼之而起的乃是政治運動[33]。日本治台的方式，係因應抗日運動的情勢而改變，其中尤以第一期的變化最爲顯著。

首先來看統治機構。

---

[32] 日本參謀本部編《明治二十七八年日清戰史》，第7卷，1907年，東京印刷株式會社，46頁。

[33] 關於第一期抗日運動，可參考拙著《台灣民主國の研究》。到第二期爲止的抗日運動，可參考許世楷〈台灣統治確立過程における抗日運動〉，《國家學會雜誌》，第81卷第3～8號(1968年9月～12月)；關於日本統治時代全期的抗日運動，可參考向山寬夫《日本統治下における台灣民族運動史》，共14冊，1961年，九州大學法學博士論文(未刊本)〔譯註：該論文已於1988年出版，即向山寬夫《日本統治下の台灣》，東京，中央經濟研究所〕。更具權威性的官方資料有台灣總督府警務局編印的《台灣總督府警察沿革誌》，第二篇(上、中二卷)，1938～39年，台北。此書復刻版有《台灣統治下の民族運動》(上下二冊)，1969年，東京，風林書房〔譯註：1988～89年有台北，稻鄉、創造社兩出版社的中譯本〕。

等到台北城陷落後，原先設置於基隆的總督府，就在6月14日移到台北城內。台北是當時巡撫衙門的所在地，該衙門在日軍進城以前是台灣民主國政府的中樞。因此日本殖民當局當然想把總督府設在象徵統治權力的巡撫衙門舊址，但因台北城在陷入混亂時，該衙門部分遭到燒燬，因此就改在附近的籌防局設置總督府，並於6月17日舉行始政典禮[34]。此後6月17日就被訂為「台灣始政紀念日」，在台日人每年都會大肆慶祝，而台灣抗日運動者則視其為象徵屈辱的「死政」紀念日。

直到這時(6月14日)，日本方才制訂〈台灣事務局官制〉。該事務局設於東京，負責有關台灣的各項事務，並將台灣總督提出的意見呈報給總理大臣。由於其中規定由總理大臣兼任事務局總裁，所以事實上台灣是以總督為媒介而直屬於總理大臣的殖民地。然而鑑於台灣抵抗運動十分激烈，日本又於8月6日頒佈了以軍政為主的〈台灣總督府條令〉，從而削減了台灣事務局的權限。亦即，有關軍事的案件，台灣總督應直接和大本營(總司令部)及陸海軍省洽商。再者，根據〈總督府條令〉的規定，參謀長負責輔佐總督，並監督府內各局，各局局長向總督呈報公文時，應先經參謀長批閱[35]。以軍政為主的〈台灣總督府條令〉

---

〔34〕王一剛〈日據前後的城內〉，台北市文獻委員會刊行《台北文物》，第8卷第1期(1959年4月)，98頁。

〔35〕請參考外務省，前引書《五十年の台灣》，144～6頁收載，〈軍衙組織に付大本營と台灣事務との事務分界〉、〈台灣事務局官制〉、〈台灣總督府條令〉。

係以至平定台灣全島止作為其有效期限，該條令一直實施到翌
(1896)年3月。

地方行政機構也隨軍事的進展而改變。在1896年3月台灣由
軍政進入民政後，日人才制訂「地方官官制」，但在1895年6月
時，先將地方行政區域劃分為三縣一廳。6月間所制訂的「地方
官暫行官制」把台灣分為台北、台灣(台中)、台南三縣，以及澎
湖廳[36]；至於其具體的管轄區域則不詳，不過三縣相當於清朝
統治時代的三府。台北縣下設支廳，台灣(台中)及台南兩縣下則
設民政支部出張所(辦事處)[37]。支廳、民政支部出張所雖然相
當於清朝統治時代的縣，但也未必盡然。此時的地方行政機構雖
有名稱存在，但卻無相應管轄的土地及人民。由於日本佔領台灣
的作戰方式，最初是採取由北而南單向進攻，然而直到6月中旬，
佔領的地區仍只侷限於台北縣北部一帶。

到了8月，支廳及民政支部出張所一律統稱為支廳，並分別任
命縣知事(縣長)和支廳長。綜觀支廳的設置狀況，大都沿用清朝
統治時代的地方行政區域，清朝時代的廳和縣一律成為支廳[38]。
不過至此階段，日軍的佔領地區尚止於台北縣全區。對地方行政
機構的首長而言，仍處於沒有可供統治的土地及人民之狀態。最
重要的是，至此階段，台灣東部一帶尚未編入行政區域內[39]。或

---

〔36〕同上，186頁、193～5頁。
〔37〕同上，186頁。
〔38〕南國出版會編印《台灣統治史》，1924年，台北，66～71頁。
〔39〕同上，71頁。

許是因爲不知何時何日才能佔領東部所使然吧！

　　日軍由北部依次於8月14日佔領苗栗，8月27日佔領台中，10月9日佔領嘉義，10月21日佔領台南。另一方面，在台灣南部登陸的部隊，則比佔領台南還早就先佔領台南南方的打狗(高雄)。隨著日軍佔領區域的擴大，陸續設置地方行政機構，因而得以發揮其行政功能。如此，樺山總督好不容易才於11月18日向大本營報告：台灣「本島全歸平定」[40]。由辦理形式上交接手續的6月2日算起，日本共花費五個半月時間，動用兩個半師團的兵力[41]，才完成實質接收台灣的工作[42]。

　　然而日本在法律上領有台灣，並進而實質上能控制台灣以後，殖民地台灣在日本本國法律上的地位仍無定論。簡言之，此即日本帝國憲法是否適用於台灣的問題，稍後憲法專家對這個問題的意見頗爲分歧[43]。這個問題極爲重要，因爲如果本國的憲法全面適用於台灣，則台灣住民具有和本國人相同的權利義務，

―――――――――――――――

〔40〕伊藤博文編《台灣資料》，29頁。

〔41〕日本動用的軍隊是北白川宮能久親王所率領的近衛師團、乃木希典的第二師團、以及混成第七旅團、總督府直屬部隊、混成支隊、兵站部等共5萬人，如再加上軍伕，則爲7萬6千人，這已是佔日本陸軍兵力三分之一以上的一支大部隊。請參考前引書《日清戰史》，第7卷，附錄108，參與征討台灣的有關人馬概數。

〔42〕嚴格地說，此時尙未完成對台灣的實質接收，因爲幾年後才開始接收面積佔台灣三分之二的山地及東部地區。但台灣西部在人口、產業等各方面均爲台灣精華之地，因此控制了西部，就可視爲完成實質上的接收。

〔43〕有關圍繞台灣的憲法爭論，台灣總督府將之輯爲《憲法上における台灣の地位》這本小書，該書收入外務省編，前引書《五十年の台灣》，33～55頁。

本國政府制訂的法律，也就自動適用於台灣。關於憲法適用於台灣的問題，日本政府沒有一貫的信念，其後數十年間也一直未曾解決[44]。不過，這個問題是因1896年制訂〈六三法〉(關於應在台灣施行的法令之法律)才開始討論的，在1895年正以軍事力量展開接收作戰時，實非進行純法理議論的狀態。至少這一點是很明白的，即1895年時，「台灣雖在(日本)帝國主權之下，但尚非帝國的一部分……帝國憲法及各項法令未即施行於台灣。」[45]在樺山總督赴任台灣之前的5月21日制訂的〈台灣總督府暫行條例〉雖說具有民政的形態，但並非應遵循的法律，而伊藤總理的〈政治大綱〉中也沒有關於法令方面的指示。

既然設置了總督府，就應有據以統治的法令。但因忙於鎮壓抵抗運動的關係，根本無暇擬訂法令。所以有向人民下達命令的必要時，就以民政局或縣、支廳之「達、告示」等方式行之，至於其他很多情況，則都由行政官員權宜處置[46]。

由於到8月間仍無法順利鎮壓抵抗運動，因此就實施軍政。在此之前，雖說是「民政」，但其實始終忙於軍事作戰，故無異於軍政，後再經8月的機構改革，乃成為名副其實的軍政。於是設置副總督職位，起用南進軍司令官即陸軍中將高島鞆之助為副

---

[44]同上，33～4頁。

[45]伊藤，前引書《台灣資料》，75～7頁，〈屬地統御の大權〉。不知這是否為1895年時的意見，但這一年憲法仍未適用於台灣，是千真萬確的事實。

[46]前引書《五十年の台灣》，57頁。

總督。副總督官制，在高島任內告終；1896年設立拓殖務省（部）時，高島被任命爲拓殖務大臣，成爲日本本國政府對台灣的主管大臣[47]。

關於法令，自8月改行軍政後，重要的軍事命令大都稱爲「日令」，其他的則採用「訓令」方式[48]。

「日令」在實質接收時期的台灣，具有重要意義。除純軍事性的命令以外，有關過渡時期台灣民事和刑事的法令，都是發源於此種「日令」。

先看民事方面。

在完成實質接收之前，並無審判民事訟案的機關。直到快要完成接收工作的10月間，才根據「日令」所制訂的〈台灣總督府法院職制〉，設置法院或法院支部，開始進行審判工作。又根據「日令」制訂的〈台灣住民民事訴訟令〉規定，日本國民適用帝國民事法規，而台灣住民（選擇國籍以前爲淸國人）則參考舊法（淸國法）及習慣進行裁判[49]。

有關刑事的法令也一樣。

但是有關刑事法令的制訂比較早，根據「日令」於8月間制訂的「台灣住民刑罰令〉及〈台灣住民治罪令〉都具有刑法的作用，這兩者都充分發揮了軍政下之法令的性質。根據〈台灣住民

---

〔47〕在台統治機構經常改變，而日本本國的主管機關也經常改變。對台灣的主管機關，在一年後的1897年9月又回歸爲總理大臣。

〔48〕前引書《五十年の台灣》，57頁。

〔49〕同上，73頁。

刑罰令〉的規定，雖為該令未明文規定的行為，但只要是日本帝國陸海軍刑法和普通刑法中所明文規定者，均可予以懲罰；又據〈台灣住民治罪令〉的規定，以憲兵、將校、士官、守備隊長、兵站司令官、地方行政廳長官、警部長、警部充當檢察官，輕罪案件得由警察局長及分局長進行審判[50]。在快要完成實質接收之前制訂的「刑罰」、「治罪」兩令，均適用到翌年[51]。

然而在實質接收時期，更早制訂而且其內容更具威力的是在1895年7月6日制訂的〈台灣人民軍事犯處分令〉，該令第一條規定：

「台灣人民有下列行為者處死刑：

(1)有企圖敵抗大日本帝國陸海軍之行為者。

(2)毀壞鐵路、電線、道路、橋樑、兵器、彈藥、森林、壘柵、水道、火車、船舶、兵器彈藥及船舶製造廠等有關軍事之土地房屋器物者。

(3)有誘導、指示、隱藏寇賊或其間諜等幫助與大日本國敵對之行為者，或使俘虜逃亡或劫俘者。

(4)將軍隊、軍艦、軍用船舶之分佈、動靜或軍用物資之數量分佈等密告敵人者。

(5)嚮導軍隊、軍艦、軍用船舶時，有欺詐行為者。

(6)捏造謠言或喧噪呼叫，危害軍隊、軍艦、軍用船舶

---

[50]同上，86頁。

[51]1896年8月4日以後，日本帝國刑法適用於台灣。

之肅靜者。

(7)在井泉河流放毒者，或使其污髒以致不適於使用者。

(8)將鴉片及其吸食器交給大日本國軍人、軍屬及其他從戎人員者，或提供其抽吸場所者。」[52]

可是再嚴厲的法令，也不會勝過軍事作戰下的殺人行動。由於實質接收時期在軍事上剛好是台灣人抵抗運動者和日本之間展開台灣攻防戰的時期，因此在很多情況下，都是在依法論處之前就先以虐殺來取代執法[53]。由於其效果極大，所以實質上的接收大都靠此。這種傾向在完成實質接收後，仍續行無誤。

1896年3月在日本對台灣的統治上具有重大的意義。3月1日，台灣統治在制度方面雖由軍政再度回歸民政，但3月30日制訂的〈台灣總督條令〉卻規定今後台灣總督限由陸海軍中將以上的將領來擔任。是日，日本帝國議會更制訂了〈六三法〉，使台灣總督今後不但具有行政權，而且擁有立法權。根據〈六三法〉制訂所謂的「律令」，台灣的法制乃逐漸完備。接著制訂〈台灣總督府法院條例〉，規定台灣總督府法院由總督管轄，如此，台灣總督乃集行政、立法、司法三權於一身，成為大權在握的「台灣土皇帝」，充分反映此後日本治台的性質。

---

[52]藤崎濟之助《台灣史と樺山大將》，852～3頁收載。

[53]參考拙著《台灣民主國の研究》，第4章第1節，〈各地的武裝抵抗〉。在實質接收期的大約半年中，日軍戰死278人，而台方連戰死者在內，被殺者則達1萬4千人。另外請參考第8章第2節，〈台灣民主國在台灣史的地位〉。

住民選擇國籍之過程

日本領台時採取的措施中，特別值得注意的是給予舊時清國民的台灣住民以國籍選擇權。

自17世紀初，荷蘭對台灣殖民統治時代至第二次世界大戰結束後的今日，這三個半世紀中，台灣的主權曾五度易手[54]，但給住民以國籍選擇權者，僅此一次。萌芽於17世紀中葉的國籍選擇制度，雖着眼於擺脫人民附屬於領土的封建遺制，但在20世紀已超過三分之二的今日卻尚未普遍化，仍停留在屬於戰勝國任意賜給割讓地住民的一種恩惠。此項制度仍非國際上的一種制度，只不過是特殊國際法（條約）上的制度而已[55]。以此觀點來說，馬關條約中有選擇國籍的條款，就現在而論，也可以說是相當進步的。

在馬關條約中寫入選擇國籍的條款，並非清方的要求，而是日方的意思。日方的動機似可分析如下：

第一，進入19世紀後半以後，國籍選擇制度經常被採用[56]。簽訂馬關條約時，剛好是這種制度的開花時期，日本政府只不過

---

〔54〕荷蘭統治時代為1624至1662年；其間，西班牙於1626至1642年佔領台灣北部；鄭氏王朝獨立時代為1662至1683年；清國統治時代為1683至1895年；日本統治時代為1895至1945年；國府統治時代為1945年迄今。

〔55〕山下康雄《領土割讓と國籍、私有財產》，1951年，日本外務省條約局法規課，1～2頁。

〔56〕同上，3頁。

是順應時代潮流[57]。

　　第二，對日本來說，台灣和遼東半島將成為最早的殖民地，而且該地區的住民勢將成為異族系臣民，因此，從未統治過異族的日本政府，以適用國籍選擇制度的方式，使不甘願當日本臣民的住民離去，以便此後能順利地統治。

　　總之，馬關條約第五條所規定的國籍選擇制度，其內容如下：

　　「本約批准互換之後，限二年之內，日本准中國讓與地方
　　人民願遷居讓與地方之外者，任便變賣所有產業，退出界
　　外，但限滿之後尚未遷徙者，酌宜視為日本臣民。」[58]

　　該條款本將適用於遼東半島及台灣住民，但因三國干涉，遼東半島歸還清朝，故實際上只適用於台灣住民。本條款在講和談判時，日方向清方提出的首次草案中已有，但首次草案中的「所有地」，由日方本身的意思改為「所有不動產」。「不動產」所涵蓋的範圍比「土地」廣，因此該條款可以說比原案更嚴格。蓋日本在1872年4月4日的命令中，禁止賣土地給外國人；1873年太

---

[57]可和台灣相對照的，是比台灣遲3年由西班牙割讓給美國的菲律賓。1898年的美西講和條約雖給住在菲律賓的西班牙本國人以國籍選擇權，但對原住民的私權、公權都規定等待美國國會決定。參考美西和約第九條。

William M. Malloy, comp., *Treaties, Conventions, International Acts, Protocols and Agreements between the United States and Other Powers*, 4 Vols. (New York, 1968), Vol. II, p.1693.

[58]原文參見外務省藏版《日本外交文書》，第28卷第2冊，364頁。

政官佈告第18號「地所質入書入規則」第11條也規定，外國人不得取得土地所有權、土地典當權及抵押權[59]。安政年間至明治初期，日本和各國締結的通商航海條約中，不但不准外國人有土地所有權，即使所興建房屋的所有權，也僅限於外國人的居留地[60]。不願意成為日本臣民的台灣住民，其應處理的財產若僅為原案中所說的「所有地」，則非屬日本臣民的這些人將可取得土地以外的不動產，其待遇顯然優於一般外國人。為了貫徹日本領土內的外國人不動產所有制度，必須以退出台灣住民處分其不動產為條件[61]。

分析該條款，則知其內容涵蓋如下：

(1)不願意做日本臣民的台灣住民，應於馬關條約生效後二年之內，即1897年5月8日以前退出台灣。

(2)離去時，在台灣有產業者，應將所有產業變賣或轉讓。

(3)離開台灣而未變賣產業者，則該條款所謂的「退去」即告不成立。

(4)至於退往何方，由於並未限定舊母國即清國，因此退往何處概由選擇人自行決定。

(5)離去後是否放棄日本國籍，由住民自由決定，日本當局不

---

[59]內閣官房局《法令全書》，明治6年(1873)，上卷，15頁。

[60]可參見日本義大利修好條約(1866年8月25日簽訂)。收錄於《法令全書》，明治28(1895)年勅令，224頁。

[61]但此項原則被1905年的樸茨茅斯(日俄)和約推翻，該條約第十條規定不保護俄國臣民的財產權。外務省條約局編印《舊條約彙纂》，第1卷(日本國及各國間諸條約)，1925年，1098～9頁。

予強制。

(6)期限內未離去的住民，並非自動成為日本臣民；至於是否
成為日本臣民，係由日本當局片面裁決。

給讓受地住民以國籍選擇權，比封建時代強制讓受地住民成
為本國的奴隸或臣民的制度進步得多，而給予國籍選擇權的制度
也有幾個不同的類型。如美國型，只要求表示選擇的意志，並以
此做為選擇國籍的必要條件，而不要求離去；蘇黎世型則允許選
擇舊國籍者擁有讓受地的產業；凡爾賽型允許擁有產業，而且雖
有義務離去但未在期限內離去，也算國籍的選擇已然成立；還有
馬關條約的類型，即所謂馬關型。這四種類型中，以馬關型最苛
刻[62]。也就是說，日本政府給予台灣住民以國籍選擇權時，適
用向來採用的制度中最嚴格的類型。

日本自19世紀後半葉以來，屢經交換、併吞、戰勝受讓而取
得甚多領土，但並非一律給新領土的住民以國籍選擇權。由於併
吞以致住民的祖國消失時，則未給住民以國籍選擇權，琉球王國
[63]和韓國[64]就屬此種情況。讓受地住民的舊祖國仍存在時，就

---

[62] 山下，前引書《領土割讓》，42～6頁、50～5頁。馬關型的前例可以
1879年的君士坦丁堡和約為例。

[63] 琉球人是日本人的一個支流，文化上也多受其影響，但琉球在1860年
代以前是否為日本領土的一部分，是另外一個問題。明治政府對其於
1871年至1879年間對琉球所採取的一連串措施，雖小心翼翼地名之為
「琉球處分」，但實質上是在併吞前此已存在的琉球王國。

[64]《關於合併韓國之條約》規定，韓國連其人民在內，把全韓國的一切
統治權完全讓與日本。外務省條約局編印《舊條約彙纂》，第3卷(朝
鮮、琉球)，1934年，223頁。

給予住民國籍選擇權或採取比這更寬大的措施[65]。日本在1875
年的樺太千島交換條約中和俄羅斯相互同意、在1905年的樸茨茅
斯條約中則以戰勝國施恩的方式，分別對新領土的住民採取寬大
的措施。亦即，日本在前者中對千島、在後者中則對樺太南部俄
羅斯臣民准許以俄羅斯國籍居留並行使財產權[66]。馬關條約中
的有關規定比樸茨茅斯條約嚴苛得多，這或許是因雖然同樣被日
本打敗，但俄羅斯的國力和清國不同，因此日本也就採取不同的
因應措施所致。

　　馬關條約第五條所規定的國籍選擇制度，其內容已如前述，
下面來看具體的實施情況。

　　擔憂台灣抗日情緒激昂的清國總理衙門，於4月19日轉告台
灣：台灣雖被割讓給日本，但給予住民國籍選擇權[67]。可是，6

----

〔65〕日本據1905年的樸茨茅斯條約獲得旅順口、大連灣一帶（關東州）的租
　　借權，1920年又取得南洋群島的委任統治地，但這些應另當別論。有
　　的學說認為租借地或委任統治地為租借國或受委任的領土，但日本政
　　府表明關東州及南洋群島均非日本領土。相關法律的爭論及日本政府
　　的見解，詳見下列文獻：
　　外務省條約局法規課編印《關東州租借地と南滿洲鐵道付屬地》，前
　　篇，1966年，114頁、117～26頁。
　　外務省條約局法規課編印《委任統治領南洋群島（外地法制誌第五
　　部）》，前篇，1962年，37～50頁、65頁。
　　因此國籍選擇的問題並不存在，參見同上，60頁。
〔66〕但樺太千島交換條約只給日俄兩國臣民是項權利，而未給與原住民。
　　但原住民准在3年內選擇國籍，選擇舊國籍者非離去不可。
　　請參照《樺太千島交換條約》第五款及該條約「附錄」第四條。收載
　　於前引書《舊條約彙纂》，第1卷第2部，1934年，683頁、689頁。

月17日台灣總督府在台北舉行始政紀念典禮後，雖經5個月，總督府仍未公佈台灣住民可以行使國籍選擇權，箇中原因，後來總督府文件記載說是由於叛亂陸續發生之故[68]。日本當局接收台灣後，因最初半年忙於鎮壓各地所展開的激烈抗日運動，實無暇制訂實施國籍選擇權的具體辦法。雖然這並非日本首次給新領土住民以國籍選擇權，但似乎仍爲具體辦法大傷腦筋。由於國籍選擇制度對化解讓受地住民的反感會起作用，因此即使無具體辦法，只要公佈講和條約所規定的原則也無妨。所以總督府浪費幾個月時光未予公佈，實已抵消了國籍選擇制度的效果，這對日本無疑是一大失策。也就是說，實施辦法如何訂定，離去的人數也會有所不同。像台灣住民那樣風俗習慣不同的異民族，到底離去者多還是少會對日本較爲有利的問題，可由9月10日總督府擬訂的〈台灣人民處理方針〉窺知其煩惱。該〈處理方針〉的結論認爲，不要急於改變台灣住民的風俗習慣較好，而在獲得此項結論的過程中，甚至曾經研議過這樣一個辦法，即趕走台灣住民，並到日本內地招募大量移民[69]。

在決定〈台灣人民處理方針〉的大約同一時期，總督府也擬訂〈台灣及澎湖列島住民退去條規〉，並向內閣提出。經日本內

---

〔67〕兪明震〈台灣八日記〉，左舜生選輯《中國近百年史資料》，續編，1958年，台北，中華書局台一版，313頁。
〔68〕台灣總督府警務局編《台灣總督府警察沿革誌》，第二篇，上卷，647頁。
〔69〕同上，647～8頁。

閣予以完全採納，於1895年11月18日以日令第35號，和有關馬關條約第五條國籍選擇權條款同時公佈。〈退去條規〉的主要內容如下[70]：

台灣及澎湖列島住民退去條規

第一條　台灣及澎湖列島住民不願遷居到本地界外者，不論是累世住民或暫居住民，應載明其鄉籍、姓名、年齡、現在住址、產業，於1897年5月8日以前向台灣總督府的地方官廳申報，其扶養家屬亦同。

第二條　幼兒戶主及在鄉下旅行者，其監護人、管理人或代理人得申請退去。

第三條　參與匪徒騷亂而抵抗日本官軍者，投降繳械後就准其退出本島界外。

第四條　退出本地者，所攜帶的家產，完全免除海關稅。

此後到選擇國籍的最後期限為止，前後擬訂了幾個實施辦法，主要都是根據〈退去條規〉。〈退去條規〉中特別值得注意的是第三條的規定，這是對抗日運動者的寬大措施，可見日本當局有意藉此收拾混亂局勢。此即以第三條的規定，讓抗日運動者有不被追究「罪狀」的安全感，從而分裂抗日勢力。

〈退去條規〉只不過是對想離開台灣者所規定的手續而已，這些人不會佔住民中的大多數，而更重要的問題是停留在台灣的大多數住民要如何處理。馬關條約第五條規定留下來的住民宜視

---

[70]同上，649～50頁。該書寫作1896年，應為1895年之誤。

為日本臣民，那麼「台灣住民」究竟指誰，應設定一個基準。因為每年約有五千人由中國到台灣短期打工，另一方面，在日本領台時，也有部分台灣住民正在外地。還有，當時實際住在台灣的所有台灣住民，是否全部都應視為日本臣民，也不無問題。

因此，總督府公佈〈退去條規〉後，又設置歸化法調查委員會，令其檢討這個問題。該委員會於1896年8月擬妥〈關於台灣住民的國民分限令〉（台灣住民身份處理辦法）草案之後，向日本內閣申請由台灣總督頒佈該草案為律令。該項草案的主要內容是：規定台灣住民中應享有選擇國籍自由者的範圍；未在規定期限內移出台灣者的國籍視為日本國籍；政府認為不應編入日本國籍者不給予日本國籍等。對此項草案，拓殖務大臣認為凡此規定均已於條約中規定清楚，故不必動用具有法律效力的命令：律令，只須以台灣總督的行政命令處理即可。此外，對在猶豫期限內想取得日本國籍的情況，馬關條約中並無明文規定，因此不視為禁止事項，只要住民中有人想要，就聽其辦理申請國籍的手續，這也不必動用律令來加以規定[71]。

由於拓殖務大臣有此意見，因此總督府並未頒佈有關這個問題的律令，但因選擇國籍主管機關的相關手續必須統一起見，乃於1897年3月19日以「內訓」方式向主管機關發出〈台灣住民分限取報手續〉[72]。

---

〔71〕同上，651～3頁。
〔72〕同上，653～4頁。該書寫作1906年，應為1897年之誤。

台灣住民分限取報手續(台灣住民身份處理辦法)

第一條　以明治28(1895)年5月8日以前在台灣島及澎湖列島
　　　　內擁有一定住址者為台灣住民。

第二條　在明治30(1897)年5月8日以前未離開台灣總督府管
　　　　轄地區界外的台灣住民,依馬關條約第五條第一項
　　　　規定視為日本帝國臣民。

　　　　在前項日期之前提出申請願為日本國臣民者,應予
　　　　受理。

第三條　因短期旅行,目前未居住在台灣總督府管轄地區內
　　　　的台灣住民,於明治30(1897)年5月8日願作日本帝
　　　　國臣民者,準用前條第一項規定視為日本帝國臣
　　　　民。

　　　　適用前項規定者,應事先調查清楚。

第四條　戶長為日本帝國臣民時,其家屬亦為日本帝國臣
　　　　民;戶長非日本帝國臣民時,其家屬亦非日本帝國
　　　　臣民,但在明治30(1897)年5月8日以前分戶而另立
　　　　戶長者,不在此限。

第五條　非日本帝國臣民的台灣住民,應自戶籍簿刪除之,
　　　　另製簿冊謄寫其戶籍。

第六條　非日本帝國臣民的台灣住民,有關其所有之不動產
　　　　處理,應另行規定。

　　關於不動產(產業)的處理,後來另外規定,准將所有權轉移
給帝國臣民[73]。

該「手續」中，有以下幾點應特加注意。即：

(1)由於成為台灣「住民」的要件是在台灣有一定的住址，因此由清國大陸到台灣的短期勞工，雖非台灣永久住民，也決定給予國籍選擇權。這是因為台灣的戶籍不完備，不易區分台灣住民和短期居留者之故[74]。

(2)確定凡是未在期限以前離去的住民，原則上均視為日本帝國臣民。但據總督府向內閣提出的建議，唯一的例外是「有土匪嫌疑或會妨害治安者」[75]。

(3)根據內閣決定，有意當日本臣民者，只要在期限內提出申請就可予以批准[76]，但總督府最後並未採用這種方法。亦即，對於在期限內表示有意當日本臣民者，只接受其申請書，而未在期限以前給予日本國籍。

(4)該〈手續〉表面上是以戶長為主來行使選擇權，但不願和戶長做同一選擇者可以分家，因此實質上，和每個人各別行使選擇權一樣。因為家屬各別行使選擇權的結果，國籍不同時，只好分家。

選擇舊國籍時應於期限內離去的規定，後來也放鬆了。綜觀該〈手續〉、前此公佈的〈退去條規〉，以及地方官廳所頒佈的告諭[77]，可知國籍選擇權的行使方式大概如下：亦即，想當日本臣民的

---

〔73〕同上，663頁。
〔74〕同上，651頁。
〔75〕同上，652頁。
〔76〕同上，653頁。

台灣住民不必辦理任何手續，而不願意當日本臣民的台灣住民也不一定要在期限內離去，但要在期限內登記是要離去或搬到外國人聚居地區（後詳），而把不動產的所有權轉移給帝國臣民。

經此手續，在1897年5月8日以前向有關政府機關登記要離開台灣者共約4,500人。按當時台灣行政地區統計如下[78]：

　　台北縣：1,874人

　　台中縣：301人

　　台南縣：2,200人以上

　　澎湖廳：81人

雖然以國籍選擇給予讓受地住民，但對住民來說，選擇舊國籍而離開以前生活所繫的居所，這在精神上是一大冒險。因此之故，選擇舊國籍的人通常不多。但是即使是這樣，當時的台灣住民選擇舊國籍者，其比率未免低得出奇。根據1871年的法蘭克福和約，由法國割讓給德國的亞爾薩斯、洛林兩地居民，其中有10％選擇舊國籍。而台灣在1897年時，總人口280萬人，離開者只佔總人口的0.16％。亞、洛兩地居民中有一部分和受讓國，即德國屬同一民族，反觀台灣的情形，對台灣住民來說，日本人完全是異民族，綜合這些因素，自台灣離開者的比率較亞、洛兩地為低，適足以說明台灣住民在台灣定居的程度已相當高[79]。

---

〔77〕例如，1897年4月24日發出的台中縣知事告諭。參見同上，663頁。

〔78〕同上，667頁。該書668頁所列願離去者總數為5,460人，恐怕在計算上有誤。

〔79〕山下，前引書《領土割讓》，24頁。

據各地官廳的調查，選擇清國國籍的極少數住民，其動機大致如下：

離去者是到台打工的居留者，或在清國內地有家屬或財產者。在台灣有不動產、有父祖墳墓者，離去者少之又少。不過在台南縣境內，由於謠傳即將實施禁阿（鴉）片令，今後將會掃除此種風俗習慣，加上當時剛好因爲發生鼠疫，以致交通斷絕，大傷居民感情，因此台南城內城外有很多人離去[80]。

先是想離去，但其後卻改變初衷而繼續居留台灣並取得日本國籍者，亦應大有人在，惟人數不詳。又因當初未指定退往何地，故可前往清國以外的國家，但鑑於當時台灣住民和外國的關係，恐怕無人移民到亞洲以外的國家，他們前往的地方多半是東南亞或清國，而且據信大多是回到清國。

有關接收工作之對外措施

劃定國界及宣佈不割讓台灣

日本和清國全權代表辦完交接手續後，馬上對外發表領台宣言，接著和西班牙談判劃定國界事宜，同時宣佈不割讓台灣以及台灣海峽爲公共航路。以下，先來看劃定國界問題。

日本的南方國界，本來就曖昧不清。其主要原因，可能在於

---

[80]前引書《警察沿革誌》，666～8頁。

琉球(沖繩)歸屬問題。明治政府所秉持的原則是琉球屬於舊時薩摩藩，因此是日本領土，但因琉球也向清國朝貢，故歸屬不明[81]。1874年日本假藉台灣住民殺害琉球漁民事件，派兵到台灣，企圖以此使琉球歸屬日本明確化。但清國政府並不輕易承認琉球歸屬日本，而負責折衝的日本宍戶璣公使卻於1881年離開北京，此後日本政府即抱持琉球問題已結案的態度[82]。由於清國無意承認日本領有琉球，因此日本無法和清國劃清南方國界[83]。於是，當日本根據馬關條約領台時，日本領土就和西班牙的殖民地菲律賓相鄰。

台灣本島最南端是北緯21度54分，其南方至呂宋島最北端以北的海洋上，有巴丹群島、巴布延群島等靠近菲律賓的很多島嶼，這些島嶼雖然歷史上不屬於台灣範疇，但西班牙也並非劃定國界就可以安心。因為日清甲午戰爭的前半期，在馬尼拉附近的加維特(Cavite)發生叛亂時，曾有五千多名菲律賓人向日本政府要求援助，而在西班牙統治下的加洛林群島，日西兩國人民也爭執得很厲害[84]。另一方面，日方也不無不安之處。佔領菲律賓

---

〔81〕有人認為明治政府內部也有對琉球歸屬問題態度曖昧者。葛生良久
　　《日支交涉外史》，上卷，1938年，東京，黑龍會，48頁。
〔82〕安岡昭南〈日清戰爭前の大陸政策〉，日本國際政治學會編印《日本
　　外交史研究——日清、日露(俄)戰爭》，1962年，26頁。
〔83〕雖然和本題沒有直接關係，但如此一來，沖繩和台灣的界線變得不明
　　確了。
〔84〕Albrecht Wirth, *Geschichte Formosa's bis Anfang 1898*, (Bonn, 1898)。
　　曹永和譯《台灣之歷史》，83頁。收錄於台灣銀行編印《台灣經濟史
　　六集》，1957年，台北，1～84頁。

的西班牙，對日本領台心懷不滿，據說尚曾有意擴充其海島殖民地[85]，就地理而論，在菲島周邊的台灣諸島當爲其對象。台灣的前領主清國和西班牙未曾決定國界，也未曾談過，因此這完全是一個新問題。然而日本和西班牙很快地談妥國界的劃定，可能是因上述雙方各有畏懼所促成。

國界問題最初由西班牙提出。1895年6月12日，西班牙駐日臨時代理公使卡羅(Caro)奉本國訓令，和代理外相西園寺見面，希望日本現在及將來不主張對巴士海峽中央以南及東南方各島嶼的領有權。西園寺當即表示同意，並答以若西班牙有意宣佈對巴士海峽北方及東北方各島嶼的同樣宗旨，則日本也願意宣佈。日本內閣決定該項宣言的內容後，8月7日西園寺和西班牙公使卡耳渥(Don José de la Ricay Calvo)交換下列宣言[86]：

關於西太平洋日西兩國版圖境界宣言書

一、此宣言以通過巴士海峽能航行海面的中央緯度並行線爲太平洋西部的日本國及西班牙國版圖境界線。

二、西班牙政府宣佈無意將該境界線北方及東北方的島嶼視爲其所有。

三、日本政府宣佈無意將該境界線南方及東南方的島嶼視爲其所有。

---

[85]*Die GroBe Politik der Europäischen Kabinette, 1871~1914* (Berlin: Verlagsgesellschaft für Politik und Geschichte m.b.H., 1927), Nr. 2269, Der Staatssekretär des Auswärtigen Amtes Freiherr von Marschall an den Botschafter in London Grafen von Hatzfeldt.

[86]外務省藏版《日本外交文書》，第28卷第1冊，294～9頁。

巴士海峽是台灣本島和巴丹群島之間的海域，南北幅員為92海浬[87]。

依國際法規定，兩岸分別屬於不同國家的海峽，其間的距離大於各方領海幅員之和時，則此等沿海的中間海域爲公海[88]。領海的幅員，日本爲3海浬，西班牙爲6海浬[89]，巴士海峽的中間海域83海浬爲公海。因此，日西兩國關於版圖境界的宣言，嚴格地說，並非劃定國界，而應解釋爲只概括性地決定應分屬於兩國的島嶼。該宣言也沒有明文規定做爲國界基準的緯線，而僅說「通過巴士海峽能航行海面的中央緯度並行線」。未公佈的日西兩國所交換的宣言書附屬地圖，似在北緯21度25分劃有兩國國界[90]，因此可把這條緯線看作台灣和菲律賓的境界線。

值得一提的是，此項宣言使Botel Tobago島爲台灣附屬島嶼之事實明確化。該島又稱Orchid Island，現稱蘭嶼，位於離台灣本島33海浬的東南海面上，其緯度爲北緯22度，比台灣本島最南端稍微偏北。《支那海水路誌》中記載該島名爲紅頭嶼，其住民爲印尼系雅美族。由於阿里幸得力的《水路誌》未將該島歸爲台

---

〔87〕《世界地名辭典——西洋篇》，1967年，第14版，東京堂，381頁，「巴士海峽」。

〔88〕橫田喜三郎《國際法II》，1966年，有斐閣，59頁。

〔89〕日本自1870年起以3海浬爲領海，西班牙至1957年才明定領海爲6海浬。田畑茂二郎編《國際條約資料集》，1960年，有信堂，413頁。但一般認爲，西班牙自19世紀中葉以來就以6海浬爲領海。參見高林秀雄《領海制度の研究》，1968年，有信堂，102頁。

〔90〕外務省藏《西太平洋ニ於ケル領海ニ關シ日西兩國宣言書交換一件、附圖》。筆者承外務省馬場明先生的情誼，曾見過該附圖。

灣或呂宋的屬島，因此對該島的歸屬，日本也有所擔心[91]。因
該島位於巴士海峽北方，故日西宣言使該島的歸屬得以明確化。
該島面積有46平方公里，僅次於台灣本島及澎湖島。西班牙也透
過這個宣言，把向來統治權力未及的巴丹群島等正式編入其治下
[92]。

　　日西兩國宣言中對國界緯線欠明確的情形，在西班牙佔領菲
律賓期間就一直如此，甚至1898年12月10日締結的美西和約之規
定也曖昧不清。該條約第三條規定西班牙應割讓給美國的菲律賓
群島北限爲「橫貫巴士海峽中央，沿北緯20度附近的由西向東之
線」[93]。北緯20度線橫貫巴丹水道，北方有巴丹群島。美西條
約的規定雖然粗略，但其後日美之間之所以未因巴丹群島引起紛
爭，可能是由於前述的日西宣言附圖中已確認巴丹群島爲菲律賓
屬島之故。

　　其次來看關於台灣海峽的宣言及不割讓台灣宣言。

　　1895年7月19日，代理外相西園寺向俄德法三國駐日公使口
頭宣佈如下：

　　「帝國政府斟酌三國政府要求並考慮一般國際通商利害

　　關係，茲宣佈如下：

　　『帝國政府宣佈台灣海峽完全是各國的公共航路，因此

---

〔91〕前引書《外交文書》，第28卷第1冊，296頁。

〔92〕Wirth, *op. cit.,* 曹永和，前引書《台灣之歷史》，83頁。

〔93〕William M. Malloy, comp., *Treaties, Conventions, Internatinal Acts, Protocols and Agreements between the United States and Other Powers.* p.1691.

該海峽並非日本專有或屬於日本管轄。

帝國政府約定不把台灣及澎湖島轉讓給其他國家。』」

[94]

「台灣海峽」是台灣島和福建之間的海域，最窄的地方寬81海浬[95]。台灣海峽幅員寬廣，兩岸分屬不同的國家，又是連接東海和南海這兩個公海的國際交通要衝，因此不論站在什麼觀點，都是各國能自由航行的公海，所以該項宣言前段承認台灣海峽為各國公共航路，在法律上似無任何意義。

但是台灣海峽為公海並不表示日本領台對該海峽的自由航行無任何影響。因為19世紀時由於有些國家自行設定關稅水域，曾大大影響公海的航行[96]。例如，英國雖堅持領海幅員為3海浬，但卻在1818年制訂的稽查條例中規定可在300海浬的海域內進行關稅稽查。但書上雖說以有一人以上英國人乘坐的船隻為對象，可是這對公海的自由航行卻有很大影響[97]。因此日本可能廣設關稅水域而妨害海峽的自由航行，不能說只是一種杞人之憂。

對台灣海峽自由航行宣言應特別注意的是，台灣海峽東南部分佈著澎湖群島此一事實。

澎湖群島由64個小島組成，與台灣本島之間隔著寬24海浬的

---

[94] 前引書《外交文書》，第28卷第2冊，172頁。

[95] 《世界地名辭典——日本、東洋篇》，1966年，第11版，332頁。81海浬約等於150公里。

[96] 參見高林，前引書《領海制度》，第4章，〈19世紀和領海的範圍〉。

[97] 英國的情況則是至1850年為止。參見同上，106頁。

澎湖水道。該水道為台灣海峽之一部分，是否被視為公海，並不明確。

　　領海及其連接水域問題是一個難題，在1920年代，國際聯盟也不易獲得結論。最大的問題是領海幅員不易取得國際共識；其次是連接水域問題，這是沿岸國能沿領海外側設定行政權力的水域範圍問題，這些問題終究很難獲得使各國都樂於接受的結論[98]。不過，在海牙國際法典會議中專門討論可視為領海的「群島」間距離問題之第二委員會，其多數意見認為應以10海浬為度[99]。即使把台灣本島和澎湖群島地理關係看作「群島」，由於其距離有24海浬，因此依該法典會議第二委員會的多數意見，澎湖水道的中間部分應為公海。可是日本是在19世紀末就領台的，雖然日本以3海浬為領海，但由於台灣本島和澎湖群島地理關係密切，因此，澎湖水道中間海域到底是不是公海，仍是曖昧不明的。所以，站在這種觀點來看日本政府宣佈台灣海峽為各國航路，就澎湖水道而言，是有重大的意義的[100]。

　　日本政府為何發表此項宣言，理由另見後述；以下分析包括澎湖群島在內的全台不割讓宣言。

---

〔98〕同上，196～206頁。

〔99〕橫田，前引書《國際法》，63頁。

〔100〕澎湖水道的深度約60公尺，和台灣海峽其他部分大致一樣。但因有暗礁，近年來隨著船舶大型化，已較少有船隻航行(據長期當遠洋航路船長的椎名秀吉先生口述。椎名現在是東京灣航道區領航員協會副會長)，但至19世紀止仍利用頻繁。且以法律觀點視之，航行是否自由才是問題關鍵所在，現實的利用程度則是次要的問題。

　　日本在法律上既然已佔有台灣，對台灣就擁有主權。對領土的主權即處理領土的權利，也就是能以國家的意志割讓或租借給其他國家，或使其獨立等權利[101]。對這種權利予以主動或被動性的限制時，當然會引起疑問：這不是對國家主權的限制嗎？例如在第九次帝國議會，日本眾議院議員尾崎行雄就曾以此批評政府，說這是在束縛日本的自由權利[102]。

　　由此問題，令人想起清國的情形，清朝約定不割讓本國領土，被認為有損主權。歸還遼東半島時，日本政府曾要求清國政府約定此後不把遼東半島割讓給其他國家，但清國政府以「有礙自主權」而予以拒絕[103]。

　　那麼，不割讓領土的宣言是否會構成對主權的限制呢？雖非直接關聯這個問題，但國際常設法庭於1923年8月17日之判決中討論到國家主權的限制問題如下：

　　「不能以國家締結條約而約定做或不做特定行為，就認為是放棄主權。當然設定這種義務的條約，在規定國家主權的各項權利應行使於某一方向的意義上，是對行使主權的各項權利的限制。但是締結國際約定的權利正是國家主權的一種屬性。」[104]

---

〔101〕橫田，前引書《國際法》，2頁。
〔102〕《第九回帝國議會眾議院議事速記錄》，1895年，第18號，241頁。
〔103〕王彥威編《清季外交史料（光緒朝）》，第118卷，13頁，全權大臣李鴻章奏與日使會商交收遼南各款議定條約摺。
〔104〕高野雄一《主權と國際法》，豈波講座《現代法12——現代法と國際社會》，1965年，12頁。

　　由於領土的處置屬於主權的各項權利之一，所以不割讓宣言當然可以說是對領土處理權的限制。然而，雖說在外國的壓力下做此宣言，但這是主權國家在行使締結國際約定的權利，因此不能以日本宣佈不割讓台灣，就認為有損日本對台灣的主權。

　　關於國際法上的約束和主權之間的關係，高野雄一教授有如下的敍述：

　　「國家主權越來越處於國際法的規範之下，有受其約束的傾向，但這並不表示以隸屬於其他國家的權力或地球上其他支配權力為原則，因此不會因而有損主權或喪失主權。」〔105〕

　　這種主張以是否受外國權力的支配，來判斷有無對其主權的侵犯。宣佈不割讓領土時，不發生其他國家的支配權力對該領土的支配，故宣佈不割讓並不侵犯主權。但是，這些見解只是法律上的看法，但在政治上卻是另一回事，前述尾崎在日本帝國議會中的批評就是一例。

　　為什麼日本政府那麼輕易地承認澎湖水道的自由航行，並且發表不割讓台灣宣言呢？總歸一句話，那是為了防止列強干涉日本領台。

　　法國在中法戰爭時曾佔領過澎湖島，雖想佔為己有，但終歸失敗；日本依據馬關條約而領有澎湖，自然讓法國難以容忍。日本在和談中出兵澎湖，並加以佔領，以便挾此要求割讓台灣，同

---

〔105〕同上，11頁。

時也有意對法國製造既成事實。又，對於台灣島，雖已預定辦理交接手續，但在尚未辦手續時，日軍就匆忙登陸，爲的也是要防止在完成佔領之前，發生諸如列強出面干涉等意外事故[106]。

　　法國積極設法策動限制日本佔有澎湖。俄德兩國的干涉只限定於遼東問題，但法國對澎湖也想採取行動。因爲一旦日本在澎湖設防，則對歐洲各國的航行構成重大且長久的威脅，故想促使日本承諾不在澎湖設防，同時也不把澎湖割讓給列強。這種構想由法國外長阿諾託（Gabriel Hanotaux）提出，俄國外長羅巴諾夫（Prince Lobanoff Rostovsky）則予以響應。5月間，法國以此問題呼籲德國，但德國外長馬歇爾（Baron von Marschall）並未輕率響應。馬氏認爲此時向日本提出新要求爲時已晚，而且恐對達成當初干涉遼東半島之目的有不良影響。可是德國政府內部對台灣問題的意見並不一致。

　　德國駐北京公使布蘭特（M. Brandt）向本國建議，若日本受讓清國領土，則德國非自清國獲取強有力的根據地不可。他最注意的地點是膠州灣，其次是澎湖島。外長馬歇爾也同樣認爲應在清國取得根據地，至於佔領地點的問題，膠州灣目前不會有經濟利益，澎湖島則完全沒價值；若佔領台灣島，則勢必與垂涎台灣的法國等國引起衝突，況且對德國來說，要防衛台灣，又將是一大負擔，因此並非聰明的作法。然而德皇威廉二世（Wilhelm II）

─────────────

〔106〕台灣總督府警務局編《台灣總督府警察沿革誌》，第二篇，上
　　　卷，31頁。

對佔領台灣卻相當積極。馬歇爾認為對台灣的要求實超出三國干涉的範圍，況且歐洲的商船要通過台灣海峽時，日本幾乎不可能橫加阻擾，而法國關於澎湖的提案又與德國利益一致，因此等三國干涉成功以後，再和相關各國討論台灣海峽航行自由問題時，當可迫使日本承認不把澎湖島割讓給其他國家。因此在決定要求日本歸還遼東的5月23日當天，馬歇爾也同時訓令駐東京的德國公使向日本要求台灣海峽可自由航行，並且不割讓澎湖[107]。

就這樣，在法國的提倡下，6月間，三國駐日公使開始和日本外務省談判台灣海峽的問題。俄德法三國要求日本保證，不管平時或戰時都不在澎湖修築砲台以致妨害該海峽航行的自由，同時，將來絕對不把台灣島及澎湖島割讓給其他國家[108]。至此，對保證不割讓的要求，乃由澎湖島擴大到台灣島。蓋三國認識到，就台灣本島和澎湖島的地理關係而言，如果僅要求不割讓澎湖島而對台灣島坐視不管，這是沒有多大意義的。

對這個問題，外務省雖草擬了宣言內容，但對宣佈不割讓本國領土似有所躊躇。7月16日向內閣會議提出的〈宣言案㈠〉，其內容是：承認台灣海峽為各國公共航路，日本願意尊重有關台灣海峽航行自由的共同權利，同時約定不割讓台灣全域；可是

---

〔107〕參見拙著《台灣民主國の研究》，第2章第2節，〈列國的態度——清國的對外交涉〉。三國干涉對台灣的影響，可參考戴天昭〈日清戰役三國干涉と台灣〉，收錄於法政大學《法學志林》，第66卷第3號(1969年2月)，1～53頁。

〔108〕前引書《外交文書》，第28卷第2冊，175頁。

〈宣言案(二)〉則只提到該海峽的航行自由，還說該海峽並非日本
專有或屬其管轄(109)。不過，討論外務省草案的日本內閣認為宣
佈不割讓台灣已不可免，於是把第一案不割讓台灣的部分和第二
案湊合起來，成為前面引用的宣言內容。日本領台經過相當寒暑
後，德皇威廉二世還曾如此寫道：「我德意志帝國覬覦台灣島，
連機敏的日本人似也未察覺。……為了經略中國南部，朕有意奪
取日本的台灣島，這是事實，……朕不久將佔領中國的山東全
省，同時也非佔領日本的台灣島不可！」(110)足見德皇永抱佔領
台灣的野心。何況日本領台之初，在國際上，日本領台的根基並
未堅如磐石呢！

外國人權益之處理

日本雖然出乎列強意料之外，在日清甲午戰爭中取得勝利，
但仍未脫出列強強加於日本的枷鎖——「不平等條約」(111)。自
1871年以後，日本歷任內閣都致力於修改條約，到日清甲午戰爭
(1894)爆發前才好不容易修改日英條約，而和其他15國締結的條

---

〔109〕同上，171頁。

〔110〕山下江村《台灣海峽》，1916年，台北，新高堂，377～8頁。

〔111〕定義為「不平等條約」，恐不無疑問。以領事裁判權為例，其中有
　　　源於東西洋法律習慣不同的因素，而英美領事裁判所在日本行使的
　　　裁判權也有代為執行日本固有司法權的情形。參見住吉良人〈日本
　　　における領事裁判制度とその撤廢（一～二）〉，明治大學法律研究
　　　所《法律論叢》，第42卷第3號、第43卷第1號(1969年2月、8月)，
　　　特別是(一)，29～50頁。
　　　但是在此姑且依一般的說法，當作「不平等條約」來處理。

約則還要等到三年後的1897年，才簽訂修正的新約。不平等條約
的重要項目之一是關稅自主權問題，直到1911年日本才完全恢復
關稅自主權。修正後的日英條約預定於1898年實施，後來也的確
在同年8月4日付諸實施[112]。因此日本在接收台灣時，對廢除不
平等條約雖相當樂觀，但仍受不平等條約束縛。日本剛取得的台
灣，由於是適用列強不平等條約的清國領土，所以列強得以在台
灣享有特權，日本如何處理這些特權，是值得注意的。

綜觀東亞政治地圖，除日本以外，比較平穩地保持獨立者只
有暹邏王國，而東印度群島為荷蘭，印度支那為法國，菲律賓為
西班牙，澳門為葡萄牙，馬來、北婆羅洲和香港則為英國所殖民
統治。根據日清馬關條約原應完全獨立的朝鮮，除日本以外，沙
俄也想染指；而在東亞尚無殖民地的俄、德等列強，也伺機想瓜
分老朽不堪的清國。就在這種情勢下，日本在列強的東亞殖民地
北端取得南進的橋頭堡台灣。又如前述，台灣據說也是德法垂涎
之地，因此日本領台時必須採取審慎的措施。

列強各國在台灣享有的特權中，日本應予處理的，有通商口
岸、領事裁判權、協定關稅、外國人定居及持有不動產等由於清
朝對外條約而來的各項問題。日本政府當然無意繼承清國和各國
所締訂的條約，但日本卻有意讓外國人繼續享有以前享受的特權
之一部分，以便先使在台外國人安心，並進而使和列強的關係得
以和緩平順，為此，在台灣總督府之下，乃設置了外務部[113]。

---

〔112〕同上，㈡，66頁。

　　當時在台外國人的情況及列強所享有的特權如下：

　　通商口岸除安平和淡水二港以外，還有兩個附屬通商口岸，即打狗（高雄）和基隆二港。住在台灣的外國人雖僅70餘人[114]，卻有21家洋行。洋行中，美國有1家，德國有7家，英國有13家，尤以英國洋行的規模較大。這些洋行的主要業務是把鴉片輸入台灣，而由台灣輸出茶、樟腦和砂糖[115]。可能因居住在台灣的外國人為數不多，因此沒有租界，外國人在通商口岸及毗鄰安平港的台南等五個地點和一般居民雜居，所以並未設有特定的居留地區[116]，這和設有外國人居留地的日本國內不同。外國人的土地所有權問題仍適用清國的規則，亦即不准在雜居地區擁有土地所有權。不過土地的租借大都以99年為限，而且實際上是無限期的永租方式，故可稱為私有權。事實上，連總督府都視其為「外國人所擁有的土地」[117]。關於這一點，日本國內也有同樣的現象。有人認為由於禁止外國人持有土地，因而產生永久租地權此一變態制度，如此一來，外國人就可以得到和擁有土地同樣的效

---

〔113〕外務省藏版《日本外交文書》，第28卷第2冊，555頁。

〔114〕台灣總督府警務局編《台灣總督府警察沿革誌》，第二篇，上卷，212頁。

〔115〕台灣省文獻委員會編《台灣省通志稿》，卷三，政事志外事篇，1960年，台北，96～108頁。

〔116〕前引書《警察沿革誌》，214頁。大稻埕也是雜居地區，但這是德國片面擴大解釋通商口岸範圍所造成的。

〔117〕伊藤博文編《台灣資料》，171頁。

果[118]。在台灣的情形則更加嚴重。在決定割讓台灣前後的混亂期中，有些貪官污吏把官有建築物賣給外國人以中飽私囊，而逃離台灣的部分住民也把土地和房屋轉至外國人名下，所以事實上台灣有外國人持有的土地存在[119]。

英國分別在打狗和淡水設置領事館，正領事駐在打狗，管轄打狗港、安平港和台南的領事事務；副領事則駐在淡水，管轄淡水港及基隆港的領事事務。德國雖在台北城外的大稻埕設有領事館，但在打狗和安平的僑民則委託英國領事館予以保護。美國未在台灣設置領事館，而由在對岸的廈門領事館處理領事事務。荷蘭以英國商人貝因（Allan Wheatherheat Bain）為名譽領事，駐在安平，負責台灣全島的領事事務。此外，西班牙和奧匈帝國這兩國的僑民則委由英國兩個領事館予以保護[120]，這是因為他們在台商業活動不多，居留者又少的緣故。根據和清朝簽訂的條約，這些領事館具有領事裁判權，但台灣似未常設領事裁判所[121]。

清國的協定關稅稅率，自1858年的清英天津條約以來，規定為進出口貨從價徵5％（第二十六條）。日本則自1866年的改稅約

〔118〕岩波書店編印《法律學辭典》，第1冊，1934年，113、168頁。
〔119〕前引書《日本外交文書》，第28卷第2冊，587頁。伊藤，前引書《台灣資料》，171～2頁。
〔120〕前引書《通志稿》，政事志外事篇，108～10、270、278頁。
〔121〕領事裁判權在台灣的行使狀態並不清楚，必麒麟的記錄雖較簡單，但有提到行使領事裁判權的事實。W. A. Pickering, *Pioneering in Formosa,* (London, 1898), pp. 209～10。

書以後，除若干免稅及違禁品以外，一律爲5％的進出口稅率
[122]。因此就協定關稅稅率而言，日淸兩國大約處於同樣的狀態。

日本當局到底如何處理這些外國人的特權呢？以日本所締結
的通商航海條約之適用情形來看，可分爲下列三個階段：

第一階段　自交接手續至1895年底止

在此階段，有台灣民主國的興亡及台灣攻防戰等，各地展開
激烈的抗日運動，而日本政府也集中全力予以鎭壓，爲了建立圓
滑的對外關係，未變更以前外國人所享有的權益。亦即，台灣雖
爲日本領土，但卻不適用日本本國所締結的條約；反之，台灣雖
已脫離淸國的統治，日本政府卻尊重淸國所締結而適用於台灣的
條約規定，或根據實際運用條約時的狀況，而給予外國人在台之
權益。其主要原因，可能是考慮到在抗日運動高潮期，以不刺激
列強爲上策，另一方面也反映明治政府審愼外交的特徵。後來在
日本併吞韓國時，雖然日本國內已廢除領事裁判權，但在韓國，
並未與併吞領土同時廢除領事裁判權，實同出一轍[123]。

在此階段，有關外國人方面的規定在於外國人居住地區和土
地所有權的問題。先看居住地區問題。如果像日本本國那樣使外

---

[122]外務省條約局編《舊條約彙纂》，第1卷第1部，45頁。
[123]在《關於合併韓國之宣言》(1910年8月29日)第一項中敍述如下：
　　「居留於朝鮮之外國人士，在日本法權下儘量保護其合法之旣得權
　　益，……正在朝鮮之外國領事裁判所審理中之案件，應允其繼續進
　　行裁判至作出最終判決爲止。」
　　外務省條約局法規課編《舊條約彙纂》，第3卷(朝鮮、琉球)，227頁。

國人居住的地區成爲純居留地的話，則因居留的外國人爲數不多，居住於該地區的普通居民會感到爲難。另一方面，又無意讓外國人像以前那樣任意住在通商口岸的任何地點，因此，拓殖務大臣高島就採用折衷案，於7月11日發出訓令，決定在以前外國人居住的通商口岸及城中劃界，設定雜居地區〔124〕。根據這個訓令，台灣總督府就和各國領事談判，承認淡水、安平、打狗三港以前外國人居住的地區及台南城內的大部分爲雜居地區，視大稻埕爲淡水港的一部分而在此設定雜居地區，並在以前沒有外國人居住的基隆新設雜居地區〔125〕。依此規定，外國人雖然不能隨便住在通商口岸的任何地點，但可繼續住在以前居住的地區，因而無實際上的損害。而且除了在基隆新雜居地區，日本政府也正式承認德國人當初矇騙清國當局而片面在大稻埕設定雜居地區的舉動。這也是日本當局考慮到尊重外國人既得權益的結果。

當初對是否應設外國人雜居地區，曾有一番爭執，這是因爲1894年日本和英國簽訂的修正新約預定在1899年實施，該約實施以後，將大幅放寬締約國臣民在對方國度的居住限制。但因日本並未打算讓台灣適用日本帝國憲法，而且和英法兩國締結的修正新約中都規定，英法兩國在其版圖內的若干領土不適用通商航海條約，因此日本必要時也可以考慮台灣不適用新通商航海條約，因而認爲必須設定雜居地區〔126〕。雖然指定了雜居地區，但未立即決定具體的境界線，詳細的規定還得等到兩年之後。

---

〔124〕前引書《警察沿革誌》，215頁。
〔125〕同上，215～6頁。

　　與此同時，也對外國人租賃和持有不動產有所規定。拓殖務大臣高島的訓令是有關雜居地區以外的規定，根據該訓令，特准外國人擁有土地房屋，但該土地房屋一旦歸日本人所有，則不准再賣給外國人[127]。這是因應外國人雜居地區以前分佈於通商口岸及台南全城，而現在被縮小為其中的一部分地區所採取的措施，則承認新設雜居地區以外的舊有雜居地區中有關土地房屋的既得權益。但這只限於既得權，一旦這些不動產轉入日本人手中，既得權就歸於消滅。

　　關於不動產的租賃或持有，總督府和各國領事之間還有如下決定：雜居地區境界確定後，外國人不得在雜居地區以外租賃建築物或擁有建築物；在作此規定以前已租賃或擁有並經日本官廳承認者，在作此規定後仍予承認[128]。這並未超出拓殖務大臣高島的訓令範圍。有關外國人雜居地區及不動產等問題的決定過程，應特別注意的是，這些決定均非日本當局片面採取的措施，而是和各國領事談判商定的。尤其重要的是，這些決定和拓殖務大臣高島的訓令都是有關雜居地區以外的規定，至於雜居地區內，則未作規定。由於在雜居地區內的情況比在地區外更為寬大，因此應詮釋為既可租賃又可擁有土地房屋，這比在日本本國

[126]伊藤，前引書《台灣資料》，176～7頁。
　　例如預定在1899年實施的日英通商航海條約規定，不適用的地區有印度等12處(第十九條)，但到1895年時又減少2處。參見《官報》，第3728號(1895年11月30日)，836頁。
[127]前引書《警察沿革誌》，215頁。
[128]同上，215～6頁。

的居留地更加寬大。雖然到1900年才禁止外國人在台灣的雜居地區內新購土地，但此後仍承認永久租地權[129]。

關於領事裁判權，在「政治大綱」中有詳細指示。其內容為日本政府並不拒絕在一定的限制下執行領事裁判權，但認為有礙軍事作戰或台灣總督執行職務時，則不能准許，惟宜慎重將事[130]。事實上，在日本接收台灣的軍事作戰期間，一部分在台外國人對日軍極為合作[131]，日軍的作戰過程也隱約可見考慮到在台外國人希望早日由社會混亂中得到解脫的心情[132]。在此背景下，實際上恐未在領事裁判權方面發生過糾紛。

第二階段　自1896年至1899年7月止

日本政府認為對抗日運動的鎮壓已有頭緒，台灣已經平定，於是在1896年1月29日由代理外相西園寺發表聲明[133]，指定淡水、基隆、安平和打狗四港為通商口岸，准許外國人在通商口岸及台南居住通商，同時要盡量適用日本和各締約國之間現有的（舊）通商航海條約稅則及其他各項規定。

---

〔129〕參見《有關外國人取得土地之律令》及《台灣永代借地權令》。外務省條約局法規課編印《律令總覽（外地法制誌第三部の二）》，1960年，150、153頁。
〔130〕前引書《外交文書》，第28卷第2冊，555～6頁。
〔131〕日軍之所以能不流血佔領台北城和台南城，與美、英、德、丹麥等國人士的合作有很大的關係。
〔132〕伊藤，前引書《台灣資料》24、26頁。
〔133〕前引書《警察沿革誌》，213頁。

　　就通商口岸和外國人的通商活動而言，這只是沿襲清國統治時代的作法，而以日本政府的意志予以正式許可而已。唯一的不同是在台灣適用日本所締結的通商航海條約等，然而據代理外相西園寺的聲明，這有「盡量」等字的但書，並非全面適用。由但書可知，適用時日本政府大可自由裁量，因此在台灣有特殊權益的各國都表示有所憂慮。很明顯的，他們深怕在台外國人所受的限制會比日本內地更嚴格。各國之中，以德國態度最為強硬。3月4日，德國公使古特史密特(von Gutschmid)向日本政府提出下列要求：

　　⑴在台德國臣民的現有權利，應想盡辦法使其不受損害。

　　⑵台灣各通商口岸和日本其他通商口岸之間的通商航海，不受任何限制。

　　⑶規範在台德國臣民的法律規則，按現行條約，應以前此規範日本內地德國臣民之範圍為限[134]。

　　也許是從三國干涉還遼使日本屈服而得到信心，駐在台灣的德國領事對台灣總督府的政治措施採取反抗態度。1896年5月，德國駐日公使曾引用駐台領事的報告，把備忘錄寄給日本政府，其中公然批評「該地(即台灣)行政紊亂至極」，並指稱總督府對德國人故意採取最專橫的措施，因而要求日本政府嚴正處理[135]。

---

〔134〕前引書《外交文書》，第29卷，875頁。關於英國的態度，參見877頁。美國的態度則比較持重，並曾表示「美國領事對美國人有領事裁判權，但人民有遵守日本法令的義務」，參見874頁。
〔135〕伊藤，前引書《台灣資料》，70頁。

　　沙俄在日本領台期間，未在台灣設領事館。法國在1896年決定在台設領事館，領事李阿利歐(De Bondy Riario)子爵雖於5月間由東京抵台，但未向總督提出到任報告就於不久之後返回東京，所以實際上未設領事館[136]。參加三國干涉的國家中，事實上只有德國在台灣設置領事館，由其態度之強硬觀之，日本政府在第一階段採取避免糾紛的軟弱方針，不能不說是正確的。

　　領事裁判權在第二階段才得到正式承認。根據1896年8月制訂的「外國人處理規則」，外國人現行犯可帶往官署，拒絕前往或有逃亡之虞時，則將其交給管轄該犯人的領事；非現行犯時，向檢察官聲請由其管轄領事發出的拘票加以逮捕，再經由檢察官送交領事，這顯然是承認爲領事裁判權[137]。另一方面，和處理外國人訟案有關的法院，也隨之完備起來。亦即在同年11月，以第10號律令公佈：「有關外國人(清國人除外)訴訟的審判管轄問題，目前凡台北縣及台中縣管內者由台北地方法院管轄，台南縣及澎湖島廳管內者由台南地方法院管轄。」[138]這並非在否定領事裁判權，而只表示設置了處理有關外國人案件的法院。適用本律令時，之所以把清國人除外，是因爲在選擇國籍的期限：即1897年5月8日以前，所有台灣住民都被視爲清國人。當然，清國人是沒有領事裁判權的[139]。這些台灣住民：清國人的審判，分

〔136〕前引書《通志稿》，政事志外事篇，281頁。
〔137〕前引書《警察沿革誌》，228頁。
〔138〕前引書《律令總覽》，139頁。

別在各縣、廳、支廳及島廳所在地設置一所地方法院來處理；爲
了處罰政治犯，還特別設置臨時法院交由其管轄[140]。

第三階段　1899年8月以後

　　日本國內預定自1899年7月15日起實施日本與各國重新締結
的修正條約，但到底是在台灣實施新條約，或是仍以舊條約爲
準，則是一個問題。在日本國內實施修正新約，是以法典之完備
爲前提的，因此要在台灣實施時，當然也應使法典更完備。可是
如果以日本本國的法典適用於台灣，則在法律習慣不同的台灣恐
會引起混亂。所以問題是：究竟應該爲了實施修正的新約而實施
新法典？或是因爲無法實施新法典，故應延遲在台灣實施修正的
新約？關於這個問題，1898年6月內務大臣發出「帝國憲法應於
台灣實施，修正新約將於台灣實施」的內訓，亦即預定在台灣實
施修正的新條約[141]。

　　把日本本國的條約全面適用於台灣時，台灣的對外條約關係
就會和日本本國一樣。因此依台灣的特殊性而制訂的有關外國人
之律令，非廢除不可。職是之故，台灣總督府乃於實施修正新約

---

〔139〕根據1871年簽訂、1873年批准的《大日本大清國修好條規》第八條
　　　規定，日清「兩國應彼此於通商口岸設置理事官，約束本國商民」。
　　　外務省條約局法規課編《舊條約彙纂》，第1卷第1部，399頁。可是
　　　因日清甲午戰爭，使得《修好條規》失效。
〔140〕前引書《律令總覽》，130、137～8頁。
〔141〕前引書《警察沿革誌》，218～9頁。至於將要在台灣實施憲法云云，
　　　只不過是日本政府對於是否要在台灣實施憲法毫無定見的託詞而已。

的1899年7月15日廢除1896年公佈的第10號律令，此後在台灣，外國人的審判和日本本國一樣，而在台灣的領事裁判權，也和日本本國同時廢除。

在台外國人的特權，係經由上述的過程而加以處理；至於協定關稅的問題，此後則和日本本國同步，直至1911年才得到解決。清朝統治時代就駐在台灣的各國領事，在台灣總督赴任時，其領事之職可不經日本政府認可就繼續任職（〈政治大綱〉）；但在台灣改隸日本後，則必須重新向日本政府遞交國書，始得被承認為駐在日本領土的領事。此後，隨著台灣產業的發展，在台灣設置領事館的國家也就增加起來[142]。

結 語

如上所述，1895年6月2日由日清兩國全權代表辦理的台灣交接手續，由於清國代表深恐危及生命安全等個人理由，和日方恐怕列強會加以干涉，成為形式上的手續。日本在得不到台灣當地舊清國當局的幫助下，和台灣抗日運動者反覆展開殊死戰鬥，終靠武力完成接收工作。加以日本從未擁有殖民地，因此沒有能立即適用於台灣的制度，所以只能在盲目摸索中漸漸建立殖民地統治體制。接收時期台灣住民的激烈抵抗，對日本採用嚴厲的殖民

---

〔142〕關於領事館增加的情形，參見前引書《通志稿》，政事志外事篇，269～85頁。

地統治政策起了作用。魯奔獻策以遼東半島為特殊地區加以統治，而台灣則視同日本內地之一縣是為上策。但台灣住民的抵抗似使這種可能性付諸東流，在50年的統治期間，台灣始終成為日本帝國內的特殊地區，即殖民地。台灣住民大都給予國籍選擇權，結果，他們雖取得日本國籍，但另一方面抗日運動也因之長久持續下去。這表示人並不隸屬於國家主權，而是和像母親般養育自己的大地緊密聯接著。本論文中雖未敘述，國籍選擇權並未給予台灣的先住民「高砂族」。這並非日本故意忽視高砂族，而是直到1897年，日本仍尚未能完全置高砂族於其統治下之故。雖說是一種結果論法，不過這卻成以後50年之間日本當局對漢族系台灣人和高砂族系台灣人分而治之的先兆。

　　在接收台灣的時期，日本當局的對外談判可以說反映了明治時代的慎重外交。由於當時日本本國改訂新約成功的可能性極高，加以台灣為日本的新殖民地，所以要廢除其原領有國時代已存在的外國特權，理論上雖屬可能，但明治政府仍持謹慎的態度以因應之。由於採取如此審慎的對外措施，因而得以避免和列強引起衝突，並在不受列強干涉下順利接收了台灣。所以在接收台灣的時期，對外國在台權益所採取的處理方式，可以說是成功的。

　　譯者註：本文原載日本國際法學會《國際法外交雜誌》，第69卷第
　　　　　　1～2號，1970年5月、7月。

殖民地與文化摩擦

在台灣推行同化主義的心理糾葛

前言

歷來有「殖民地無善政」的說法，因為對殖民地的統治不可能以得到殖民地人民的同意為起點，因此不管統治者採取什麼政策，都很難摒除殖民地人民心目中把前者視為「強壓性殖民地統治者」的形象。

關於台灣人對日本帝國在台實施殖民政策及進行經濟搜刮所做的抵抗，已有幾部精心鉅作[1]，對其分析有所貢獻；本文擬檢討當時在台灣居於統治者地位的日本人和被統治者台灣人之間的文化摩擦，但僅止於提出一些問題。此外，雖非主題的一部分，本文也會談到與此有關的鎮壓和抵抗問題。

---

[1] 其中應特別提到下列著作：春山明哲、若林正丈《日本殖民地主義の政治的展開 1895～1934──その統治體制と台灣の民族運動》，1980年，亞洲政經學會；許世楷《日本統治下の台灣──抵抗と彈壓》，1972年，東京大學出版會；涂照彥《日本帝國主義下の台灣》，1975年，東京大學出版會。

殖民政策大致可分為兩種：一種是「同化政策」，亦即把殖民地的行政和司法置於本國的監督之下，至於立法權，有的只屬本國獨掌，有的則准許殖民地住民參與其事；另一種是「自治主義」，亦即除准許殖民地住民有立法權以外，也准其參與掌管行政和司法之殖民地政府機關。

在民族政策方面，同化主義不管殖民地人民是什麼人種、種族或民族，都強制引進殖民主義者本國的文物制度，使之與本國一體化；反之，自治主義則尊重殖民地人民的特性。到底哪一種方式較好，實難斷定。不過，就同化而論，同化主義固無論矣，就是連自治主義，也因本國力量居於優勢，以致殖民地人民雖有程度上的不同，但都於有形無形之中走向被同化之路。

說到「同化」，人類的歷史本身就是同化的歷史。既有無意識中的同化或因憧憬對方的文化而引起同化、或由征服者所強制同化；反之，也有征服者反而被征服者之文化所同化。殖民地同化主義屬於由征服者強制同化之類，這種方式的同化，有時會引起被統治者的反抗，以致激起民族主義的抬頭，但也有因強制力量所及而收到速效的一面。

台灣被日本帝國統治50年，在各方面皆受到影響。此一時期是日本帝國國力迅速增強並向外擴張的時期，同時也是日本人充滿信心、大和民族意識激昂的時代。在這樣的時代中，隨著時日的進展，強調大和民族優越性的呼聲震天，而要求同化的聲浪也一天比一天強烈。日本帝國統治台灣的政策以及台灣人對其所抱持的態度，若以掌握極大權力的台灣總督為中心，可概略分做如

下時期：

　　初期　前期武官總督時代（1895～1919年）

　　　　　異族統治　武裝抗日運動　前民族主義時代

　　中期　文官總督時代（1919～1936年）

　　　　　內地延長主義　台灣人政治運動　空想漢民族意識輸
　　　　　入期

　　後期　後期武官總督時代（1936～1945年）

　　　　　皇民化動運　政治運動之鎮壓　民族主義低迷期

　　本文將就上面三個時期，各舉若干實例，以便探索在殖民地
台灣所發生的不同文化接觸之形態以及文化摩擦。

有關係的人民因素

　　日本帝國在統治殖民地時，規定日本帝國原來的領土為「內
地」，殖民地為「外地」，日本本國人為「內地人」。這些名
詞，不但是法制上的專門用語，而且也做為一般用語來使用。台
灣雖然是日本帝國的領土，惟因帝國憲法的全面適用僅限於日本
內地，所以外地之一的台灣只適用其一部分。日本帝國政府把行
政、立法、司法三權賦予台灣總督，加以初期都是由武官擔任總
督，因此更賦予其直屬於統帥權的軍權。由於帝國政府對台灣總
督的約束十分鬆弛，所以台灣統治的形態深受總督個人性格及其
麾下官吏的影響。可是歷代總督的統治方針並非恣意妄為，而是
隨時反映日本本國政府的大方針及其國情者。所以，就這種觀點

來看，雖然台灣總督具有極大的權力，但也沒有理由一定要將帝國政府的方針和總督府的施政區別開來。

　　所謂帝國憲法在台灣有限度的實施，具體來說就是指帝國臣民的權利義務及民、刑法的二元化，亦即把帝國的領土分為內地和外地，而以屬地主義來加以處理。在內地，所有的本國人都適用帝國憲法及本國各項法令。外地的殖民地人民則被排除於憲法上一部分權利義務之適用，而且本國法令對外地的適用須以勅令規定，至於外地特殊的情況，如台灣和朝鮮，則以總督的律令（朝鮮稱為制令）來加以規定。

　　儘管法令的適用是採取屬地主義，但又不是全面性的屬地主義，而是摻有屬人主義的成份。當殖民地人民遷居日本內地時，不能行使和居住於內地的本國人在法律上相同的權利義務，因為殖民地人民不能將其原籍轉移到內地。另一方面，當內地人移居外地時，並不因屬地主義而適用外地法。由於內地人不能將其原籍遷到外地，因此即使人在外地，也要根據原籍來適用法律。

　　惟根據原籍適用法律的情形，也不見得很明確。說到法律上的權利義務時，最突出的莫過於參政權和服兵役。以此為例，在外地的內地人原則上這二者都可享有。可是由於當時並無為寄居外地的內地人特設之「不在籍投票」制度[2]，因此他們實際上等

---

[2] 1925年日本眾議院議員選舉法修正（法律第47號）後，始設不在籍投票制度，但那是以船員等為對象（1926年勅令第3號「眾議院議員選舉法施行令」，第26條）。該法規定住在外地的內地人，要回到日本內地至是年9月15日止，且在同一戶籍住滿一年以上者，才有參政權。1926年第82號法又修正縮短為半年。

於沒有參政權。但是相反地，他們仍有根據原籍服兵役的義務
[3]。這樣一來，住在殖民地的內地人由於法律二元化的關係，故
有受到不公平待遇的現象。加以台灣又是日本帝國的邊遠之地，
來此任職的官吏有時被謔稱爲「灣吏」，因此在地位上似乎被視
爲比內地的帝國政府官員來得低。

可是在殖民地時，這些內地人仍都是統治者，而且不管從事
什麼職業，都能佔到便宜、享有特殊待遇，並對殖民地人民發揮
其優越感。因此，雖然他們和居於內地的內地人一樣同爲本國
人，但是居住在殖民地的內地人卻給人一種兼具自卑感和優越感
的印象。又，雖然同樣是本國人，但是居住於內地的內地人實際
上和殖民地並沒有什麼直接關係，即使可以意識到的利害關係也
比較少。但是對於住在殖民地的內地人來說，他們固然是統治
者，可是有些人由於職業上的關係，卻與殖民地人民處於競爭對
手的地位。而就競爭的原則來說，他們也許深望能將與其對抗的
殖民地人民永遠置於不利的處境之下。

其次來看殖民地人民，即台灣人。在大清帝國統治下的台
灣，有「台人」或「台民」的用語，這是指佔居民中97%的漢族
系人民[4]，而非包含全部住民的用語。這些漢族系人民有時甚至

---

〔3〕召集令直接寄到外地居留地址。

〔4〕漢族或漢人原本就是混血的種族。可參考漢民族主義者吳主惠的《漢
民族の研究》，1949年，酣燈社。因爲沒有證據可資證明當時漢族系
台灣人具有民族意識(national consciousness)，所以此處不寫作「漢
民族」，而寫作「漢族系人民」。

稱台灣原住民「高砂族」(高山族)為「生番」，並不把他們當做人看待[5]。直到台灣被日本帝國統治後，才有「台灣人」的稱呼，但起初是和「本島人」一詞互用，仍不包括高山族在內。至於用「台灣人」一詞來指包括高砂族在內之全台灣殖民地人民的例子，就筆者所知，以蔡培火於1921年所寫的論文為最早[6]。這種用法，經過相當漫長的歲月，才固定下來[7]。

在本文中，「台灣人」一詞也包括高砂族在內，若不包括在內時，則會用其他的名詞來表示。

初期

日本帝國佔領台灣時，曾和台灣住民展開「台灣攻防戰」，日軍動員人數雖然只有日清甲午戰爭時的一半，但這場戰鬥持續的時間及激烈的程度並不下於日清戰爭。而且在此後20年之間，不論有組織的或零星的武裝抗日運動，都給殖民地統治當局及居住在台灣的內地人留下深刻的印象。為什麼會有如此激烈的「台灣攻防戰」呢？關於其原因，筆者已另有專著加以分析[8]，這裡

〔5〕由於傳說「番肉」富有營養，故有殺死高砂族而食其肉，甚至將其輸出到對岸中國大陸的例子。

〔6〕蔡培火〈關於台灣教育的根本主張〉，《台灣青年》第3卷第3號(1921年9月)，41頁。《台灣青年》係由台灣青年雜誌社發行，以下未特別指出時，即指該社發行者。

〔7〕在日本統治時代，漢族系人民和高砂族系人民已漸趨融合，但直到第二次世界大戰以後，台灣民族主義者才把高砂族系人民完全包括在「台灣人」的範疇內。

不再重複，而打算從另一角度來觀察。

　　一言以蔽之，除了少數有識之士以外，雙方都對對方完全缺乏認識。雙方初次碰面就透過軍隊進行廝殺，這是最特別之處。軍隊以戰鬥為任務，必須服從命令，而日軍在此方面的要求又特別嚴格，並不允許軍人憑個人的「良心」去做判斷。日方認為，台灣是根據條約而取得的領土，既然在該地有組織化的抵抗運動，那就只好用軍隊來加以鎮壓。軍隊的任務在於消滅敵人，因此當然就不擇手段，此即「軍隊的邏輯」。

　　台灣北部居民雖然絲毫無意接受日本帝國的統治，但卻採取袖手旁觀的態度。他們眼見原應保衛居民的舊清兵一一潰敗，並且化為暴民，於是更為心灰意冷，反而希望和平的早日來臨。北部的初期攻防戰，只限於軍隊與軍隊間的戰鬥，日軍得以不費一兵一卒進入台北城，即其明證。台灣攻防戰是當日本進入中南部時才激烈起來的，至於其原因，筆者已另有研究[9]，故在此略而不提，僅敘述一下因文化背景不同而引起的抵抗運動。

　　由於中南部的抵抗運動大都採取游擊戰方式，對日軍來說，實有「草木皆兵」之感。因此基於「戰場心理」的作用，自然會對「見不到的敵人」產生恐懼而導致無謂的濫殺。在殺氣騰騰的戰場上，更是獸慾橫流。目睹家人被殺、妻女姐妹被污辱，即使是懦夫也會振臂奮起。如此一來，台灣居民就認為日本人非常殘

〔8〕拙著《台灣民主國の研究──台灣獨立運動史の一斷章》，1970年，東京大學出版會。

〔9〕同上。

忍。初次看到日本帝國眞面目之台灣居民，其印象是：「我民俱思清官已去，唯望平治，盡皆歸降。不意此賊（日本人）大非人類，任意肆虐，無大小之罪，無善惡之分，無黑白之辨，唯嗜殺戮。」[10]虐殺放火、姦污婦女固無論矣，就是日方認爲是「武士道」的行爲，也因文化不同而被視爲殘暴之至。例如嘉義攻防戰時，日本士兵「因目睹重傷而苟延殘喘的敵人，以及甚多悲慘的重傷市民，感到於心不忍，竟將之刺死，以代其解脫」[11]。這項舉動看在台灣居民眼裡，當然無善意可言。如果日本士兵也刺死受重傷的戰友，也許台灣居民的印象會不一樣。台灣居民在這時感受到的恐怖心理深深地印在三歲小孩的腦海裡，甚至直至他們的晚年仍留有強烈的印象[12]。儘管缺乏大和民族比其他民族更殘忍的證據[13]，但實際蒙受其害的人們認定日本人殘暴，似乎也是理所當然的事。

　　分析激發民衆起義的檄文，不但有助於了解參與抵抗運動人士的心理及對事情的看法，而且檄文的內容都經過深思熟慮，以便能獲得民衆的認同，並喚起他們採取共同行動。因此檄文可以說是用以推測民衆想法的一種工具。就此觀點，試舉數例於後。

─────────

〔10〕台灣省文獻委員會編印《台灣省通志稿》，卷九，革命志抗日篇，49頁。

〔11〕石光眞淸《城下の人》，1978年，中公文庫，298頁。

〔12〕係根據身歷其境者的敍述，參見楊肇嘉《楊肇嘉回憶錄》，1977年，台北，三民書局，上卷，4頁。

〔13〕請讀者想像納粹德國、蘇聯軍隊在滿州的暴行，尤其是中華民國軍隊在1947年3月對所謂「台灣同胞」的大屠殺。

抗日運動者詹振起義時，列舉日本人的「十大罪狀」如下
[14]：

　　第一條大罪　　不敬上天，不敬神明。

　　第二條大罪　　不敬孔子，不惜字紙。

　　…………

　　第七條大罪　　日本處事，形同乞食。

　　第八條大罪　　放尿要罰錢。

　　第九條大罪　　買賣要抽稅。

　　……

　　第一條大罪表示對日本人不同樣敬畏台灣住民所信仰的神明
而大爲憤慨。但恐怕他們做夢也沒有想過，自己的神明對別人來
說只不過是一種偶像或迷信。後來在皇民化運動時期，總督府曾
企圖消滅台灣的宗教，這二者都是不知「宗教」本質的表現！從
另一個觀點來說，宗教雖各有其自我中心主義，但多少也要考慮
到其他宗教的存在，這就是一個很好的例子。對「孔子」的看法
也是一樣。其實日本人也尊敬孔子，但台灣的漢族系居民並不知
悉這回事，而且他們對於日本人沒能像漢族人民那樣把孔子崇奉
如神明，表示不滿。當時的漢族系居民如在路上看到印有文字的
紙張時，就會將其拾起燒燬。至於日本，古代也有敬重字紙的風
俗習慣，可是自從明治維新、文明開化以後，此風即告衰歇，人
們不再重視字紙[15]。漢族居民或許也因此把「不愛惜文字的

---

〔14〕台灣憲兵隊編印《台灣憲兵隊史》，1932年，77～8頁。

日本人」看做沒有文化的野蠻人。

第七條不知究竟指何項具體的事實，或許是因為日本人處事太講究規矩，這對性格上有點馬虎的台灣住民來說，顯得太過小心謹慎，反而有點類似乞丐，這是看不起日本人的一種表現。至於在室外放尿，日本男人也常來這一套，但警察取締時，則不分內地和外地都一樣。然而由於當時的台灣幾無公共廁所，在室外放尿極為自然，因此為什麼要罰錢，台灣住民實在無法理解。他們為了發洩不滿的情緒，所以就把罰款和課稅說成貪官污吏的行為，這也很值得玩味，恐怕是由於聯想到清朝時代當官為致富之道的緣故吧。他們就以這種先入為主的成見，認為日本官吏是貪婪的。

余清芳的檄文也說到：「（倭賊）苦害生靈，刻剝膏脂。荒淫無道，絕滅綱紀。強制治民，貪婪無厭。禽面獸心，豺狼成性。」[16]總督府和在台內地人自以為日本是文明國家，而將台灣殖民地人民視為愚昧無知，但由此檄文可知，漢族系台灣人也把日本人看做野蠻人。

「殖民地」一詞本來就有見不得人之感，而日本帝國政府和台灣總督府竟然都毫無顧忌、厚顏無恥地公然說「台灣是殖民地」。但日本國內有一部分有理智的內地人，對使用「殖民地」一詞表示異議[17]。然而初期的台灣住民中沒有人對這個用語表

〔15〕志波吉太郎《台灣の民族性と指導敎化》，1927年，台灣日日新報社，13～4頁。
〔16〕前引書《通志稿》，革命志抗日篇，103頁。

示懷疑或提出異議，因爲「敗者」只有抵抗或屈服，因此對「殖民地」一詞並不拘泥；至於做爲「日本帝國臣民」所應享有的權利要求，也根本不曾有過此種念頭。

　　法律上不准統治者和「敗者」結親嫁娶，也是這個時代的特徵之一〔18〕。這種現象，諒必會刺激「單一國家」裡不同民族間的感情。當然，婚姻對促進異族之間的相互理解及融合固然有很大的作用，不過，通常還是以了解對方的語言最爲便捷。總督府在領台初期把日語敎給殖民地人民，同時也鼓勵在台內地人學習各種台灣方言〔19〕。互相尊重對方的語言，就能互相理解、互相信任。可是官吏學習台語是爲了要推動行政業務，而實際上卻仍看不起台語。就以法院爲例，法官視直接和台語通譯（口譯人員，而非被告）對話之舉爲下流，所以中間還要再安排中國官話的通譯〔20〕。當自己的母語被鄙視時，誰不生氣呢？

中期

　　日本領台初期的最後一任武官總督是明石元二郎，他在1918

〔17〕春山、若林，前引書，35頁。
〔18〕但可以非正式地結婚。例如，辜顯榮的正室爲台灣人，但側室則爲日本內地人。在戶籍上，側室（妾）登記爲同居人。
〔19〕早在1895年就設立「土語講習所」，翌年又設置「國語學校」，除培養敎員對台灣人實施日語敎育外，也做爲敎內地人學台語的機關。台灣敎育會編印《台灣敎育沿革誌》，1939年，2頁。
〔20〕竹越與三郎《台灣統治志》，1950年，博文館，310頁。

年就任時，雖曾高唱同化主義，但真正接二連三地提出改善殖民地人民待遇之對策者，卻是進入中期後，於1919年上任的文官總督田健治郎。他具體的做法包括擴充教育、以行政措施使內(日)台婚姻「合法化」、常用日語的小學內(日)台人可以同校、允許台灣人可以單獨設立株式會社(公司)、提拔任用台灣人為總督府評議會成員及高等官吏等。企圖同化台灣人，使其地位接近內地人的這種政策，一般叫做「內地延長主義」。不過，這是以漢族系台灣人為對象，至於對高砂族系人民的同化政策，則要等到進入後期的1928年左右才變得具體化[21]。雖然如此，內地延長主義不一定得到在台內地人的支持。對於同化台灣人並賦予近乎內地人之權利一事，很多在台內地人簡直將其視為「台灣差不多要赤化」[22](即共產化——譯註)。

漢族系台灣人對提高自己的地位當然不會有異議，可是對同化的反應就不然了。例如日本採取長子繼承制，台灣則是男性子嗣均分繼承制。而且雖名為內地延長主義，但也不是完全取消差別待遇，此外漢族系人民長期形成的習慣也不易改變，因此在實施民法時，還是留有特例，這就是考慮到他們的反對意見，可見殖民當局並不莽撞。

然而問題並不僅止於繼承制度，因為本來對於「同化」政策的好壞與否，彼此在認知上就大不相同。總督府認為「教化善

〔21〕前引書《台灣教育沿革誌》，490頁。請參考筆者對該書的書評，載於《台灣青年》(台灣獨立聯盟發行)，1983年5月號，30頁。
〔22〕山崎繁樹、野上矯介《台灣史》，1927年，寶文館，564頁。

導」台灣人，以使其和內地人「醇化融合」是一種善政；可是自居台灣人的喉舌且爲政治運動者核心的漢族系台灣知識份子，卻以爲保持台灣自己的文化、設置台灣議會，並立即完成殖民地台灣的自治爲更佳。總督府把台灣的自治看做是台灣脫離日本帝國而追求獨立的準備，但政治運動者卻反駁說此舉別無其他用意[23]。

在1921年至1934年之間所展開的台灣議會設置運動，雖是以要求設置議會的名義爲藉口，但其實卻是日本文化與以漢文化爲背景之台灣文化間的抗衡，以及大和民族主義與以漢人意識爲基礎之台灣人意識間的抗衡。可以說經過初期武裝抗日的磨練，台灣民族主義（nationalism）已逐漸摸索出方向而開始萌芽了。

總督府雖大力宣傳日本文化，而台灣的政治運動者則以覺醒的觀點看待之。漢族系台灣人政治運動唯一的機關刊物《台灣青年》的編輯兼發行人蔡培火這樣說道：「就風俗習慣而言，纏足、吸鴉片、辮髮、結髮、坐榻榻米、生食、束腰、決鬥、飲酒等，本質上都屬於陋習，除非是冥頑不靈之徒，否則誰都會拒斥。」[24]這雖是在明知日本男人舊式的結髮已改爲西洋髮式，以及復仇決鬥的風俗也已不存在的情況下所做的發言，但仍不免間接指責日本文化中也有其陋習，尤其把吃生魚片和正座（跪坐）與清朝統治時代以來在台灣一直存在的纏足、辮髮等陋習並列，

---

〔23〕參考台灣總督府警務局編印《台灣總督府警察沿革誌》，第二篇，中卷，1939年，319〜24頁。

〔24〕《台灣青年》，第1卷第2號，1920年8月，71頁。

正足以表示出他對同化的反感。以生食爲例，在衛生狀況不佳，而且又位居亞熱帶氣候區的台灣來說，顯然對健康有害，將其視爲陋習，自是理所當然。除非他自己食指大動，否則要強迫他吃生魚片，以象徵同化，他是絕對不會吃的，因爲他的目標是要防止台灣的風俗習慣被消滅。他曾說：「流毒最大最深的莫過於強迫統一語言，以致妨礙人智的發達。在同一主權下、同一國家中生活的人民，使用同一語言固然很方便；但相信使用同一語言就能統一全國人民的思想，則是大錯特錯。〔25〕」

這些政治運動者對在台內地人感到很不耐煩。當漢族系台灣人想同化於日本而設立「台灣同化會」時，在台內地人就拚命想將其消滅；當漢族系台灣人站在保持自主性的立場要求設置台灣議會時，他們則又反過來逼迫同化。從《台灣青年》以降，該份刊物又先後改名爲《台灣》及《台灣民報》，便強烈指責不願認同台灣的在台內地人，並說道：「日本人雖有18萬人，但不想永住台灣。他們十之八、九想賺了錢就回本國過安樂的生活，而且不但不以台灣爲養老之地，也不想以之爲子孫長住之地。」「一言以蔽之，如能實現『在台灣出生者，都是台灣人』這項自然的規律，那麼日人、台人之間就不會再有分別！」〔26〕

在1926年的時候指出這一點，實在很重要。首先是他們的台灣人意識已發展到要求內地人「做台灣人！」的程度；其次是經

---

〔25〕台灣雜誌社《台灣》，第3年第6號，1922年9月，38頁。
〔26〕台灣民報社《台灣民報》，第111號，1926年6月27日，卷頭語。

過內地人和台灣人的接觸及摩擦，日本人和台灣人雙方都有把兩者間之關係提昇到新層次的行動出現，一方面是要將台灣人視作日本人，另一方面則是要將日本人視同台灣人；第三是和台灣人意識的形成或台灣民族主義的形成有關，亦即「在台灣出生者，都是台灣人」的想法，必然導致所有高砂族也都是台灣人的結論。就《台灣民報》上述的主張而言，似可解釋爲高砂族已被承認爲「台灣人」[27]。

其實，在此以前，漢族系知識份子對高砂族的觀念就已有了重大變化。在1921年第一次台灣議會設置理由書中，已把「平埔族」及高砂族包括在有議員選舉者之中[28]。平埔族淵源於高砂族，在荷蘭統治時代曾向當時的統治者荷蘭人靠攏而受其影響，到清朝統治時代乃同化於漢族系人民，甚至連姓名也使用漢族系姓名，故可定義爲同化於漢族系人民的高砂族。漢族系人民的政治運動者在1921年的階段雖已承認平埔族及高砂族政治上的權利，但在此階段，是否如前引蔡培火論文那樣承認其爲台灣人，則不明確。在五年後，該機關刊物上表示：「凡在台灣出生者，

---

〔27〕但這種「承認」並非以堅強的信念爲依據，而是不可避免地有虛應故事的成分。因爲在此時期，從漢族系政治運動者的言論裡，常可發現有意或無意貶抑高砂族的說法。請參考註28、29、30。再者，甚至連認爲台灣民族已經成立的1928年台灣共產黨政治大綱也寫道：「台灣民族乃此等南方移民（筆者註：指華南）渡台後結合而成的。」前引書《警察沿革誌》，601頁。

〔28〕同上，347頁。原文作「熟蕃人」。「熟蕃」是對「平埔族」，而「蕃人」則是對高砂族不敬的稱呼。

都是台灣人。」此種觀點無異已將平埔族和高砂族都納入台灣人的範疇內，這一點極為重要。

以往漢族系人民對高砂族長期的蔑視是台灣史上無法磨滅的可恥記錄，這種態度源自於漢族系人民對漢文化的自傲。這種自傲，直到漢族系人民的高砂族觀轉變期中，尚難謂已完全消失。例如：「對有如原人那樣無知的蕃人……」[29]或者如：「我們台灣人是漢民族之子孫，同時也是具有四千年歷史、獨特的文明、燦爛的文化以及文字之國度的國民。……因此台灣人的能力固不能與彼等蒙昧野蠻之生蕃，或無歷史之民族，同日而語」[30]等說法，就是明證。

抱持將自己種族的神話放入「歷史」的範疇內而無視其他種族神話的傲慢態度，並慣於將台灣的歷史由漢族系人民移居台灣後算起的這些形同侵略者的漢族系知識份子，為何在1920年代提出和他們一向抱持的高砂族觀不同的主張呢？這也許是在台灣總督府的高壓統治下及在台內地人的惡形惡狀中看出自己的模樣所致吧。

自1907年至1924年間，美國制訂了各種排日移民法案，此舉有傷打敗沙俄帝國之「大日本帝國」的民族自尊，因此日本帝國臣民群起責備美國的不是。台灣的漢族系政治運動者就以日本本國人的這種反應為絕佳的理由，而充分加以利用。他們大聲指出

---

〔29〕黃呈聰的論文，《台灣青年》，第3卷第2號，1921年8月，20頁。
〔30〕鄭松筠的論文，同上，第2卷第3號，1921年3月，31頁。

日本人的矛盾：如果人種歧視和民種歧視是不對的，那麼日本人
爲什麼要歧視朝鮮人和台灣人呢？

這確實是義正詞嚴。然而高唱此種論調的政治運動者本身，
卻以漢族系人民的優越感來蔑視高砂族，這就和成爲他們批判對
象的內地人一樣犯了相同的錯誤。包括平埔族和高砂族在內，所
有「在台灣出生者」都是台灣人的想法，可以說是由批判日本而
衍生出來的。這種想法在很多方面都走在時代的前端[31]，因爲
就在台內地人來說，在當時的情勢下，居於統治者地位的他們是
不可能把自己的身分貶低到和被統治的「台灣人」相同。漢族系
政治運動者請願設置的「台灣議會」，是要以包括在台內地人在
內的「台灣住民選出之議員組成之」(《台灣議會設置請願書》)，
如此一來即會使實際上被剝奪日本本國參政權的在台內地人，限
定在台灣這個地區被選爲議員，並行使議員選舉權。在台內地人
中也有人在台灣議會設置請願書上簽名，但大部分人都很冷淡，
對他們而言，與其追求雙方的共同利益，毋寧應防範台灣人提高
其地位。

在台內地人爲了保持所有內地人的「威嚴」，他們絕不從事
人力車夫或苦力(coolie)等「賤業」。因爲這被認爲是殖民地人

---

[31]第二次世界大戰後，台灣民族主義者的台灣民族論是以認同台灣爲命
　運共同體做核心，亦即不管福佬人、客家人或高砂族，凡是在台灣出
　生者及其子孫都是「台灣人」，這也是台灣一般大眾固定的看法。
　至於在台內地人，一旦在台灣居住的時間很久，則其意識也會起變
　化。關於這一點，可參考本文結語部分。

民所做的工作。因此當一位到日本內地做畢業旅行的台灣學生在看到碼頭工人裝卸貨物時，竟然會大吃一驚喊道：「喔，你看！內地人在當苦力！！」[32]

　　至於台灣人的忠誠度，總督府總是不敢信任。台灣的治安狀況，換言之，亦即台灣人對內地人所抱持的態度，以1923年時田總督的觀點為例，是「民心極其安定」、「台灣思想的惡化，只限於在東京的留學生以及極少數台灣人而已。……一般人民則極為忠實順良，並感戴一視同仁之聖恩，絕無危險之虞」[33]。可是只要稍微發生事端，就又會喚起官吏的腦海裡自台灣攻防戰以來一連串武裝抗日事件的記憶。例如在初審時全部判處無罪的1924年台灣議會期成同盟會違反治安警察法案件中，檢察官就如臨大敵般誇大其詞地論罪求刑說：「台灣人反抗官憲的傳統始於清國時代，並一直持續到日本領台後的1916年，因此台灣的治安並不穩定。例如1907年的北埔事件，就是源於對內地人及官憲的反感，而其目的在於從內地人手中奪取台灣，由此可知台灣民情之一斑。尤其是西來庵事件，值得注意的是直至爆發前為止，沒有一個台灣人將消息洩漏給內地人，該事件直到1916年始告平定，故內地人對台灣人不可掉以輕心。」[34]

---

〔32〕《竹林貫一──その人と生涯》，1981年，東京，三和機械株式會社，42～3頁。
〔33〕田健治郎傳記編纂會編印《田健治郎傳》，1932年，501～2頁。
〔34〕參考枠本誠一《台灣秘話》，1928年，台北，日本及殖民社，243～9頁。至於法庭內的辯論，詳見《台灣民報》，第2卷第16號，1924年9月1日。

　　針對同樣一件事，如果觀點不同，則其解釋也會有天壤之別，三好一八檢察長在本案法庭中的發言，就是一個絕佳的例證。漢族系政治運動者都很尊敬甘地，每人家裡都掛著甘地肖像，因爲大家認爲他是對大英帝國展開不合作、不服從運動的領袖。針對這一點，三好檢察長說：「甘地是親英主義者，因參加非洲戰爭而榮獲勳章，他反抗英國是另有原因的。被告等不學甘地的好處而專模倣其壞處，實在是對甘地的誤解；如果對母國竭盡誠意而仍不能見容，則可以像甘地那樣地憤慨。而台灣的甘地（顏智），則非辜顯榮莫屬。」[35]辜氏是「御用紳士」的代表人物，他因享有多種利權而成爲大富翁。台南滑稽詩人謝星樓在其〈新聲律啓蒙〉一詩中諷刺他，該詩曾風行一時，詩云：「辜顯榮比顏智，蕃薯簽比魚翅，破尿壺比玉器……」[36]

　　當然，內（日）台人之間的關係也不僅限於矛盾的一面。在此期間到日本內地留學的年輕台灣人，因爲能呼吸在台灣所吸不到的自由空氣，因此較能以寬宏的心情體會日本的長處。日本文化自有其優點，所以雖然留學日本內地的台灣學生仍帶有殖民地人民的悲情，但也培養出能以比較客觀的態度來觀察日本的眼光，這是不可否認的一點。在日本受高中及大學教育的林茂生，據說是抱持做爲日本帝國臣民一員的心情回到台灣的[37]。和以往

〔35〕同上。

〔36〕葉榮鐘等著《台灣民族運動史》，1971年，台北，自立晚報叢書編輯委員會，220頁。該首詩的日語譯文，見於王育德《台灣──苦悶するその歷史》，1964年，弘文堂，121頁。

的御用紳士不同的這種親日台灣人之出現，也是進入中期以後的事情。

　　林茂生返台四年後，就被任命爲位於台南的總督府商業專門學校教授、從七位高等官，最後又昇任台南高等工業學校（今成大——譯註）教授、高等官二等，不過可能有人認爲這是例外。然而在台灣不易得到內地人贊同的台灣人政治運動者，在日本本土（國內）除學者以外，反而還得到一些政治家的支持。如貴族院議員江原素六、山脅玄、渡邊暢，以及衆議院議員田川大吉郎、清瀨一郎、神田正雄、中野寅吉、土井椎太、清水留三郎等人。這些人對台灣人政治運動的援助，可能使遠在台灣遙遙注意的台灣人產生好感，並進而引起對「日本」的好感。該項政治運動領袖之一的林獻堂，當他在政治上悶悶不樂時即會前往日本「避難」，也許就是這種心理的表現〔38〕。

　　「民族」（nation）的概念被引進台灣，以及政治議題（issue）的問題化，正和進入中期後所開展的台灣議會設置運動同一軌

〔37〕林茂生的例子正反映出台灣人知識份子搖擺不定的心路歷程。他曾在1920年的天長節（10月31日，日本大正天皇生日）發表〈國民性涵養論〉一文，指責台灣人完全沒有做爲帝國臣民的國家觀念。爲此，台灣人政治運動者吳三連也曾爲文抨擊林茂生的做法，文載《台灣青年》，第2卷第3號，1921年3月，51～4頁。可是在受到批評後，林茂生隨即又出任1921年10月成立的台灣民族運動團體——台灣文化協會的評議員，並常常在該會主辦的演講會上演講。然而在1940年皇民奉公會出現時，他卻又擔任該會的文化部長。

〔38〕葉榮鐘編《林獻堂先生紀念集》，1960年，台中，林獻堂先生紀念集編纂委員會，卷一，年譜，62頁背面。

跡，這都反映出台灣的歷史、住民結構，尤其是政治，呈現渾沌的狀態。漢族系台灣人政治運動者把「漢民族」的概念引進台灣，並將台灣人定義爲漢民族的一個支脈，進而努力提倡台灣人意識。於1928年成立的台灣共產黨，也在同年發表的政治大綱中，以「台灣民族」爲一既成事實而加以論述[39]。另一方面，在台灣知識份子中也看得出有「日本人化」的徵兆。這可以說是開始出現「當異質文化互相接觸時，一定會發生摩擦、引起混亂和對立，但同時也會從而產生新價值、新文化」[40]的現象。

以和一位留學日本內地十幾年並在台灣某地方官廳任職的台灣青年「陳淸文」結婚的日本內地女人在台生活情況爲題材的小說《陳夫人》，是描寫1920年代後半至1930年代「異文化接觸」的名著，它介紹台灣知識份子接受新文化的經過。「陳淸文」由於長期在日本內地生活而忘記了舊禮節，以致大出「洋相」。可是他不但不以爲恥，反而把謹守舊規矩者「看得不如自己。因爲如果自己那天晚上以西洋禮節而言顯得笨手笨腳的話，那才會令人臉紅而不知所措。但對自己不懂台灣的禮儀習俗，一向既不在意，也不感到羞恥，卻反而以此沾沾自喜」[41]。

---

〔39〕關於台灣人意識的形成過程及其形成因素，請參考拙著《台灣總督府》，1983年，教育社，19～21頁（譯者註：黃英哲譯《台灣總督府》，1989年，自由時代出版社；1994年，前衛出版社，39～41頁）。有關台灣共產黨對於台灣民族的敘述，參見前引書《警察沿革誌》，第二篇，中卷，601～2頁。

〔40〕參考衛藤瀋吉編《日本をめぐる文化摩擦》（與日本有關的文化摩擦），1980年，弘文堂，12頁。

後期

　　因針對日本人而開始萌芽的台灣人民族主義，自中期末尾起即一直呈現脆弱低迷的狀態，但從步入與中日戰爭以及其後的太平洋戰爭同一時期的後期起，卻在低迷中有了新的發展。直截了當地說，在中期被引進的漢民族主義有夭折的趨勢，而台灣人知識份子也日益地日本化。相對地，與此同時，和「日本人」對立的「台灣人」意識卻益形加強，尤其是在不易被引進不久的「漢民族思想」所感染的非「知識份子」及農民之間，台灣人意識變得特別顯著[42]。

　　中日戰爭始自九一八滿州事變，大約與此同時(即後期)，日本在台灣推行的皇民化運動及皇民奉公會的各種運動，其具體做法是廢除報紙的漢文版、常說國語(譯註：指日語)、嚴禁台灣戲曲、破除神像廟宇、強制參拜日本神社、禁止舊曆新年習俗，以及更改姓名等等，這些都是日本帝國政府為了方便進行中日戰爭而企圖從台灣人身上消除漢族的各項因素所採行的文化政策。因為在和漢民族的國家：中華民國打仗時，如果做為日本帝國臣民的台灣人具有漢民族意識的話，這將會帶來障礙，而且即使保存

---

〔41〕庄司總一《陳夫人》，1944年，通文閣，24頁。

〔42〕關於這個問題，擬另文討論。有關台灣人知識份子的空想性漢民族思想之問題，可參看史明《台灣人四百年史》(漢文版)，1980年，美國加州，蓬島文化公司，688～91頁。

漢民族文化也不甚妥當。然而，其實日本帝國政府可說是反應過度。因為對一般台灣民眾來說，使用漢文、保持自己的姓名、看台灣戲、到寺廟拜拜，都是「自己的文化」，這並不帶有漢民族意識[43]。因此，台灣總督府壓迫台灣文化，反而激起了台灣人意識。

　　但是這種文化方面的壓迫也不能說就此促進了台灣人意識的急遽上昇。此時日本帝國領台已超過40年，台灣人已相當接近「日本」。這主要是由於透過公學校(小學)義務教育的普及、中等教育的擴充、以及前往日本內地留學的台灣學生增多等，使得台灣人學習日語的障礙除去所致。此外，經常以某國為媒介而引進更高深的知識時，在潛意識中對該國的評價通常也都會提高，而且甚至會產生敬畏的念頭。況且，文化也會反映支配的關係，例如被統治者常常認為自己的文化不如人，這也是明顯的事實。中美洲黑皮膚的安地列斯人(Antilles)覺醒以後，才標榜黑即是美，但在此之前，他們卻看不起種族上與其相近的非洲人。他們竟然曾對白人統治者(法國人)表示：「請不要管我的膚色」，因為那是太陽曬黑的，至於「我的心則和你的一樣潔白」，此舉顯然是企圖向法國尋求自己的認同[44]。

----

〔43〕現在統治台灣的中華民國政府雖認為台灣人為中華民族的一份子，但卻禁止印刷台語羅馬拼音的聖經，並規定每一小時的電視音樂節目中，台語歌曲不得超過二首。由此可見其刻意將台灣文化和中國文化區別開來。

〔44〕中村哲《ファノン(Fanon)の思想(1)》，日本法政大學《法學志林》，第 70 卷第 1 號，1972 年 12 月，6～10 頁。按：Frantz Fanon，1925～61年，是生於法屬西印度馬丁尼克(Martinique)島的黑人作家，他也是主張以暴易暴的革命思想家。

這就是一種「陳清文現象」，進入後期以後，這種現象在台灣急速增加。由於台灣在產業、衛生、交通、教育等各方面的水準都明顯提高，於是台灣人之間開始出現肯定日本帝國統治的氣氛。更何況日本帝國已是世界五大強國之一，因此精於計算的人，便全心全意地積極奉獻給日本帝國；而以安身立命爲志之徒，也在時勢所趨之下，委身於潮流。長期以來一直活躍於政治運動的中心人物之一林呈祿，也成爲皇民奉公會的高級幹部。他是機關刊物《台灣民報》的編輯兼發行人，其後該刊物改稱《台灣新民報》，但又遭台灣總督府強迫改名爲《興南新聞》，他則仍擔任總經理。到了晚年，他對出任皇民奉公會高級幹部的原委，辯解如下：「日人瘋狂地推行所謂皇民化運動，成立皇民奉公會做爲這一運動的活動主體，並勒令當時各日刊報社的負責人出任該會的幹部。我當時是《興南新聞》的負責人，所以曾被派任爲皇民奉公會的生活部長。」[45]由於皇民奉公會涵蓋總督府屬下各級行政組織，因此「部長」相當於總督府局長級的職位。正如林呈祿所自豪的，「從《台灣民報》到《台灣新民報》」具有「一貫堅守民族立場、反對日人統治」[46]之性質，故林氏變節的行爲，已昭然若揭。至於總督府強迫「命令」云云，只不過是遁詞[47]而已。

本來，漢族系台灣人與其說是中國大陸的移民，不如說是因

---

〔45〕王詩琅《林呈祿先生訪問紀錄》，1967年(手稿複印本)，n.p.，30頁。
〔46〕同上，28頁。

戰爭或饑饉等迫不得已的緣由而對中國大陸絕望，並渡海到台灣者的子孫。他們雖知自己的祖籍，但並不將中國視爲「祖國」。所謂「祖國」云云，只不過是部分政治運動者爲了對抗可惡的日本帝國，考慮必須搬出更大的靠山，因而引進的觀念，但這種觀念始終沒有滲透到一般民眾之間。就以政治運動者來說，他們想依靠的「祖國」卻在中日戰爭中節節敗退，並處於危急存亡之秋。在此情況下，即使強調台灣人是漢民族的一份子，恐怕民眾也不會跟隨，而且就連他們本身也會感到空虛幻滅。因此變節乃時勢所趨。

代表日本化的「陳清文現象」，隨歲月的推移而益形明顯，但它也和前此引進的漢民族主義一樣，在地區方面以都市爲主，而在教育程度方面則以知識份子較多[48]。因爲這二者對新思潮都比較敏感，敏於見機行事，精於算計。至於未受教育或只受初等教育的人們，以及富於土著性和保守性的農民，他們的集體意識本來就是以地區性及家族性的鄉黨意識爲限，而以台灣全島爲範疇的台灣人意識，則要等到交通網有了飛躍性的發展以後方才形成。所以，他們當然不會接受缺乏實質感並企圖和中國牽扯在一起的漢民族主義；另一方面，在總督府高壓的歧視政策之下，

---

〔47〕這和推動1940年代前期的太平洋戰爭，戰後卻搖身一變吹噓自己曾爲反戰而努力的日本人如出一轍。惟因曾與日本帝國作戰的蔣政權成爲台灣的新統治者，所以我們對林呈祿在戰後的辯解，也許不應一味地予以譴責，而應理解爲是他的明哲保身之道。

〔48〕第二次大戰後，在中國國民黨統治下的台灣，也同樣有「中國人意識」擴散的趨勢。

他們也不認為自己能和「內地人」一樣成為日本的一份子。於是,「自認是台灣人」的台灣人意識,就由這些人來肩負了。

強加日本文化,迫使台灣人身心都要成為日本人的皇民化運動和皇民奉公會的最大阻力就正是這些人,他們個別的社會影響力雖然不大,但是其人數卻十分可觀。於是以長谷川清擔任總督的時期為契機,台灣舊有的宗教、祭祀、風俗、鄉土藝術和生活方式等,只要不違反日本統治的方針,都被認可,這固然表示長谷川頗有見識,但其實也是對上述台灣人意識的一種妥協。

不以強制力量破壞台灣舊有文化,但仍要強力推動日本文化,這就是長谷川總督的方針。始自1940年的改姓名運動,最後究竟有多少人改了姓名不得而知,不過據說1943年時約有10萬人[49]。這個數目,就當時的情況而言,絕不算多,這可能是因為強制性不大的緣故。改名換姓,表示完全否定自己的過去,是逼人以有形的方式表示身心都已成為日本人。改姓名對於在政府機構、學校以及日本公司工作的台灣人來說,既是晉昇的方便之門,同時也是和內地人交往時免受無端歧視的手段。然而,對於有此必要的人固然有這些好處,可是改姓名是以家族為單位的,因此就會出現不會講日語的日本人,而這正是張文環的小說中所描述的「既不是台灣人,也不是日本人」的怪異現象[50]。

---

〔49〕莊嘉農(蘇新)《憤怒的台灣》,1949年,香港,智源書局,63頁。

〔50〕張文環《地に這うもの》(生息於斯的人,即《滾地郎》),1975年,現代文化社,6頁。

結語

　　文化的移植，只要是強制性的，那麼非經長期磨練是無法生根的。以強迫台灣人接受毫無淵源的日本神龕爲例，台灣人在不得已的情況下，只好將其擺在佛龕旁邊，但強制力一旦喪失，大家就立刻將它丟棄了。相反地，基督教雖非台灣人舊有的宗教，但卻已在台灣札根，故與此適成尖銳的對比。

　　不以強制而以交流的方式媒介文化時，它會依「適者生存」的原則成爲對方文化的一部分，這也是一種同化。就對方來說，這會關係到新文化的創造。榻榻米被認爲不適合多雨潮濕的台灣，但因其具有多重利用價值，所以留存至今。起初被台灣人烙上「不衛生」印記的生食，在衛生條件大爲改善之後，也變得普及起來。

　　被強制時雖曾引起反感，可是當文化的功效得到正面評價時，對方就會予以接受，而成爲其文化組成的一部分，最典型的例子，就是日語。有些日文名詞，仿照日語讀音而成爲台語語彙〔51〕；也有些名詞，字雖沒變，但改唸台語音〔52〕。在離日本帝國

---

〔51〕例如榻榻米、サシミ（生魚片），乃至オジサン（叔、伯）、オバサン（姨、嬸、女房東）等稱呼都很普遍。

〔52〕「手形」即其一例，唸作chhiú-hêng；又如「味の素」，則是單純的商品名稱，而發音爲「味素(bī-sò)」或ajinomoto，泛指「調味品」。台語化的日語，也不勝枚舉。詳見台灣總督府編《台灣語大辭典》（原題台日大辭典），1983年，國書刊行會復印本。在本文脫稿後發表的相關論文，有張良澤〈台灣に生き殘つた日本語──「國語」教育より論ずる〉，載於《中國語研究》，第22號，1983年6月30日，名古屋，采華書林。

統治已隔34年的1980年，有一位台灣政治家的母親和兩個小女兒被人暗殺，他雖然用漢文寫悼文，但是當他要呼喚母親在天之靈時，卻特地用日文的「かあちゃん」。雖然這家人原是貧苦家庭，但他在四歲以前曾受日本帝國統治[53]。

台灣人的日常會話雖使用台語，但其中也夾雜日語，以致成為一種奇怪的表達方式。例如：「Lín おかあさん ū khì 學校 bô？」意思是：「你的母親有沒有上學校？」此外，即使純說日語而不夾雜台語時，台灣人也常常按台語的結構說話，以致形成一種古怪的日語。另外再加上彼此生活習慣不同，於是就成為在台內地人嘲笑的對象；另一方面，台灣人也會因為感覺被欺負而對他們產生反感。

日語的普及，雖然一方面是靠強制，但這倒反而對台灣人相互之間能溝通意見有所貢獻，並對「台灣人」此一共同意識的形成有所助益。本來高砂族系台灣人分成九個族群，彼此之間沒有共通的語言。漢族系台灣人的語言也分為福佬話和客家話，而福佬話又有泉州腔和漳州腔之分；至於客家話，桃園和潮州也稍有不同。對這些語言不同的人們來說，日語雖是統治者的語言，但也是台灣各族群間的「第三者」語言，具有使各族群彼此之間不會感到心結的「共通語言」之作用[54]。

至於在台內地人又怎樣呢？日本統治台灣50年，這也使他們

---

〔53〕這位台灣政治家是省議員林義雄（律師）。參見方素敏〈母親與我〉，載於鄭兒玉編著《行過死蔭的幽谷──從林義雄律師的住宅到義光基督長老教會》，1982年，台北，義光教會籌建委員會，7～9頁。

在潛意識中認同台灣風土已和自己融爲一體。台灣總督府最後一任主計局長鹽見俊二在第二次世界大戰結束時，適巧因公出差而在東京停留，他在日記上這樣寫道：「我應該在台灣住下去嗎？／還是應該在東京住下去？／應該回台灣啊？／還是應該住在東京啊？／應該和台灣的人們分擔苦難啊？／還是應該在東京反省台灣的事情而愛台灣啊？／回去吧！／一定要回去！／台灣是我的故鄉，是心中的故鄉／苦難儘管來，甘願在台灣享苦！」[55]

我們不能把這種心境看做是一個高級官員獨有的感傷。居住在台灣的日本人，有的是爲了定居才來到台灣的，有人則在定居後已繁衍了四代。他們固然有安於特權的一面，但另一方面，由於長期和日本內地疏遠，並習慣台灣的風土，以致在心理上已成爲台灣住民。部分內地人會說台語，也有台灣朋友。正如起初嘲笑台灣人的日語發音，後來日本人自己也那樣發音，這種例子顯示[56]，在台內地人也相當台灣化了。雖然明知台灣將要脫離日本的主權範圍，但仍想繼續定居台灣的日本人竟然多達20萬人[57]，這包括軍人在內的

〔54〕第二次大戰以後，佔台灣人口70％的福佬系方言變得更加普及，而以往做爲共通語言的日語，其作用雖已減少，但在50歲以上的人們之間仍未絕跡。至於在40歲以下的台灣人之間，北京話普及的程度和作用，一如上述的日語。

〔55〕鹽見俊二《秘錄：終戰直後の台灣──私の終戰日記》，1980年，高知新聞社，28頁。

〔56〕尾崎秀樹《旧植民地文學の研究》，1971年，勁草書房，263頁。

〔57〕鹽見，前引書，101頁。

日人總數約40%，如果不包括軍人的話，比率更高達50%。他們由台灣回歸母國後，才覺察到自己雖把日本文化帶入台灣，可是在不知不覺之中，自己也有了某種程度的台灣化。有一位婦女在踏上日本國土時，行李被偷了，雖然她是日本人，但卻不自覺地破口大罵：「日本人混蛋！」而不是罵：「混蛋！」因爲在此之前，她從未來過日本國內。事後她如此回憶道：「想念台灣人的程度，好像和不能信任日本人成正比。」[58]

譯者註：本文原載《國際關係論のフロンティア 2：近代日本とアジア——文化交流と摩擦》，1984年4月，東京大學出版會。

---

[58]岩崎あや〈また來る春を待つ〉(等待來春)，台灣協會編印《台灣引揚史》(自台歸國史)，1982年，40～2頁。

第二次大戰前
「台灣人意識」的探討

荷蘭、鄭王朝、清國時代

荷蘭時代的台灣住民

台灣原住民，是屬於馬來·波里尼西亞系人。1624年來到台灣的先驅宣教師萊特把台灣的原住民分為十一個政治單位[1]，可是每一個都還不脫部族社會的狀態。

漢族系人移民台灣被認為從很早的時代就有了，然而事實上，移民地區只限於澎湖群島而已，而且即使在最盛期，澎湖群島的總人口也只有數千人而已。最初佔有台灣本島一部分的荷蘭台灣政府從大陸招徠漢族系移民，而在最盛時其人口總數也才二萬五千人，若再包含澎湖的人口，也不過是三萬人左右，但同時期的原住民卻已約有四萬人[2]。

從福建、廣東移入台灣的移民一向都被當作「漢族」，事實上，華南的住民不應該被視為純粹的漢族，關於這一點，即使持漢民族主義觀點的研究者也承認這個看法[3]。而且，這些移民在

---

[1] William Campbell, *Formosa Under the Dutch* (London: 1903), pp.6～7.

渡台之際，因爲受限於台灣海峽的強風大浪，所以以男性居多，因此和台灣原住民通婚的情況相當多[4]。

1625年，在荷蘭統治之下，以郭懷一爲領袖的漢族系移民對荷蘭台灣政府展開大規模的叛亂。這個事件的重要性在於它可以說是爾後台灣史上頻頻向統治者反抗的一個先聲，可是，如果把這個事件當做「台灣民族主義的覺醒」[5]，似乎並不恰當。因爲正如筆者以下所要敍述的，台灣民族意識的產生，還需要近三個世紀的時間。

關於東都(東寧)

從荷蘭、西班牙開始，再經過鄭氏王朝、清國、日本、中華民國的統治，漢族系人口急速地增加，相對之下，原住民人口不但沒有增加[6]，反而受到漢族系人的壓迫，因此兩者的對立關係

---

〔2〕台灣省文獻委員會編印《台灣省通志稿》，卷二，人民志人口篇，1964年，101、105頁。關於漢族系人口，有二萬五千戶和三萬戶等不同說法；在荷蘭統治時代末期的人口中，原住民和漢族系人口約略相等，則大致不錯。

〔3〕吳主惠《漢民族の研究》，酣燈社，1949年，15～6頁。作者認爲漢民族是經由種族混血而成的。

〔4〕直到1942年，原住民每年結婚數中，女的有20%、男的有17%，對象爲漢族系人。以上係根據台灣總督府總務局編印《昭和17(1942)年台灣人口動態統計》，1943年，248頁的表計算。
在漢族系女性極少的17～18世紀，原住民女子和漢族系男人的通婚例子應該更多。

〔5〕Niu Chionghai, "The Formation of the Formosan Nation," *Formosan Quarterly*, Vol. I, no. 2 (October 1962), p.46.

一直到日本統治時代中期還持續著。

漢人之所以移入台灣，主要是基於經濟因素和爲了逃避戰亂，至於政治性的移民，只有1661年鄭成功的軍隊和1940年代後半的國民黨兩次而已。

鄭成功進入台灣後，在台灣建立了鄭氏王朝。客觀來說，鄭氏王朝像個獨立國，因此台灣人尊稱鄭成功爲「開山王」並非沒有道理。漢族台灣人的祖先向台灣移民，在時間上大約是從荷蘭時代到清朝統治末期這270年之間，儘管彼此前後相隔得很久，可是大家都以跟隨鄭成功入台的那批人當作是自己祖先的傾向卻很強。

中華民國政府向來主張鄭成功把原本屬於中國領土的台灣從荷蘭人手中光復。因此，他們把鄭成功視作「中華民族」的民族英雄來加以崇拜。不管此舉是爲了達成台灣人傾向中國的宣傳，還是「普天之下，莫非王土」的中華沙文主義思想所導致，基本上都是後來的附會。因爲，事實上台灣本島在傳統上並不屬於「中國」王朝領域的一部分，因此怎麼可以說是「回復」中國呢？甚至連親中華民國政府的台灣人楊雲萍也批評這種說法[7]，他認爲這種說法表面上雖是要褒揚鄭成功，可是結果卻適得其反，爲此楊雲萍提出疑問：爲什麼一定非要說「光復故土」不

---

〔6〕一旦原住民改取漢族姓名，在進入漢族社會幾代之後就難以分辨出來。尤其通婚更會促進此一情況，而其結果乃造成原住民人口的「社會性」減少。

〔7〕楊雲萍〈鄭成功的歷史地位〉，收錄於王曾才編《台灣史研討會紀錄》，國立台灣大學歷史學系，1978年，31頁。

可？而不能視之爲新領土的「開拓」呢？

　　然而，事實上，即使主張台灣是鄭成功「開拓」的中華民國政府學者，也將鄭成功的事蹟視爲「中華民族」的偉業[8]。誠如以下將要敍述的，他們似乎已經忘了「中華民族」的概念是進入二十世紀之後才產生的。

　　鄭成功把台灣改稱爲「東都」（後來稱爲東寧），並在台灣建立起鄭氏王朝，但持續三代卻始終都沒有放棄「反淸復明」的口號。在這裡於是引發一個問題，亦即到底是要把「東都」當做一個獨立國？還是將它視爲只不過是一個以恢復明朝爲目標的武將集團？荷蘭東印度公司就很明顯地把它當作獨立國來交往[9]，而且淸廷也曾經向鄭經表示，如果他不再侵犯中國大陸，則淸廷願將台灣視同日本、朝鮮一樣。鄭氏雖也願意，但是後來因彼此條件談不攏，以致交涉破裂[10]。

　　關於東都（東寧）是否爲獨立國的問題，有兩種不同的見解。

　　一種看法是，雖然鄭氏在台灣建立政權是事實，但是由於他們仍以「反淸復明」做爲號召，因此不應以獨立國家視之，這是二次大戰後台灣獨立運動者王育德（1924～85年）所持的主張[11]。

〔8〕 例如，曹永和《台灣早期歷史研究》，台北，聯經出版事業公司，1981年，1頁。

〔9〕 拙著（合著）《台灣の法的地位》，東京大學出版會，1983年，9～10頁。

〔10〕連橫（連雅堂）《台灣通史》，台南，台灣通史社，1920年，卷二〈建國紀〉。台灣銀行經濟研究室複印本，第1冊，51頁。

〔11〕王育德《台灣——苦悶するその歷史》，弘文堂，1964年，第二章，〈國姓爺の光と影〉，特別是52頁。

和王育德立場不同，而以「反攻大陸」做爲大方針的中華民國政府及其支持者，則將鄭氏一族視爲反攻大陸的先驅，且不把東都看成是一個獨立國。因爲台灣若有獨立的歷史，這對中華民國是不利的[12]。

另一種見解是把東都視爲獨立國。和王育德同時代的獨立運動者廖文毅(1910～86年)把東都稱爲「國姓爺王國時代」。對於這個王國的評價，廖指出，即使在這個王國滅亡之後，移民們「已開始熱愛這個自由的國家：台灣，而且決心不再返回大陸」[13]。雖然東都到底是不是一個自由的國家還很令人懷疑，但是可以確定的是，這時大量定居的移民是爾後台灣人口的基礎。至於台灣新一代作家林濁水，則從各個不同的角度來加以檢討，進而確定東都是一個獨立國家[14]。最特別的是，他提出了一個嶄新的見解，認爲鄭氏一族對明朝與其說是忠誠，毋寧恰好相反。這個見解，頗值得注意。

其實，跟隨鄭成功入台的三萬七千軍民的忠心，基本上不如把它視爲效忠於鄭氏一族還比較合乎當時的實際情況。因爲鄭氏一族對明朝如果忠心的話，那麼也許這些軍民的忠誠也會透過鄭氏一族去效忠明朝。不管是上述哪一種情況，它都有所謂的「對王朝的忠誠」，但是絕對不是後世漢民族主義者所講的那

---

〔12〕例如，文琳《我們的台灣》，台北，海外出版社，1965年，15頁。

〔13〕廖文毅《台灣民本主義》，東京，台灣民報社，1956年，27～30頁。

〔14〕林濁水〈渡海〉，林濁水編《瓦解的華夏帝國》，美國加州，台灣出版社，1985年，35～60頁。

樣，是具有一種漢民族對抗滿州民族的民族性格。否則就不會發生當清朝軍隊一登陸台灣，已厭倦於鄭氏一族專制統治的漢族系人在幾乎沒有抵抗的情況下，就迎接清朝軍隊的現象。不論統治者施政的好壞，對「異民族」的入侵都無條件地加以抵抗，是民族主義不可或缺的現象，然而這情形在當時並未發生。部分台灣獨立運動者一心想把獨立運動的根源追溯到遙遠的過去；另一方面，和中華民國政府有關係者，也想把鄭氏一族「反攻大陸」的口號和自己的姿態結合在一起。因此，我們可以說，雙方都是把自己所追求的目標投射在鄭氏一族身上。

清國的台灣統治

來自中國大陸的國家權力對台灣本島的統治，始於1683年清國消滅鄭氏王朝的時候。清朝被中國的漢民族主義者視為「異族統治中國」的時代，而孫文所提出的「驅逐韃虜，恢復中華」的革命口號，已是眾所皆知的事實。革命成功以後，孫文馬上揚棄漢民族主義，改而提倡漢、滿、蒙、回、藏五族共和，並創造「中華民族」的概念。這是由於孫文硬要把滿州、蒙古、新疆、西藏等地納入中華民國的疆域，因此如果太過強調漢民族主義，將會構成很大的障礙。

到了1945年中華民國統治台灣的時候，中國的漢民族主義者已經完全改宗皈依中華民族主義。並且，中華民國佔領台灣，就如同開羅宣言所說的，本身是根據清國曾領有台灣這段歷史。因此，和中華民國關係密切者，就不敢將滿州族的王朝清國消滅漢

族的王朝東寧的行為解釋做異族的侵略。

清國統治台灣達兩世紀之久，其間，漢族系人口從十二萬增加到二六〇萬，而人口增加的主要原因是偷渡和自然增殖[15]。

在這兩世紀中，光是有紀錄的變亂就有六十五件，而和中華民國政府關係密切者，把它們當作是漢人民族精神的表現。其實他們犯了一個嚴重的自我矛盾，因為只要涉及到領土問題，他們會說清國就是中國；但是如果涉及到住民變亂時，他們卻又將清國視為異族的征服王朝。

台灣獨立運動者往往把這些變亂解釋做台灣人對外來政權的抵抗，並且，也有不少人將它們解釋為「過去四百年來台灣人在實現獨立建國的願望中所從事的壯舉」[16]。

可是，筆者並不認為在十七、八世紀時，住民之間已經有了做為「台灣人」的共同意識。清國統治下的台灣漢族系住民稱大陸為「唐山」，稱大陸人為「唐山人」；但是，和這個稱呼相對應且通用於一般住民間的台灣住民之總稱卻付之闕如。儘管所謂「台人」或「台民」的詞彙是有的，但這些都只是官方用語，並沒有證據可以證明住民間以一種共同意識來使用這個詞彙。由於方言系統的關係，有人被稱為福佬人或客家人；或者由於居住地的關係，有人被稱為台南人或佳里人。總之，清國統治台灣的時代，台灣住民尚不至於產生共同意識。既然共同意識不存在，那

---

〔15〕因為清朝屢次限制和禁止人民東渡台灣。估計1893年時，漢族系人口　　約有255萬人。前引書，《台灣省通志稿》，161頁。
〔16〕例如，史明《台灣人四百年史》，音羽書房，1963年，209～13頁。

就不可能會產生企圖建立「台灣人國家」的想法。

在清國統治下的六十五件變亂中，標榜「反清復明」的有十一件；此外，在所有的變亂中，如果將自稱為「王」或類似稱號者，以及四件建立新年號的變亂也一併計算的話，那麼以建立新王朝為目標的變亂也有十一件[17]。而這十一件想建立王朝的變亂，分別是：1721年的朱一貴，1732年的吳福生，1786年到88年的林爽文、莊大田，1795年的陳光愛，1804年到09年的蔡牽，1832年的張丙，1851年的洪紀，1852年的羅阿沙，1853年的林恭，同年的曾雞角，以及1862年到64年的戴萬生等事件。

其中朱一貴變亂曾把清國官吏從台灣全部逐出，他自稱中興王，並維持了二個月短命的獨立王朝。這些以建立獨立王朝為目標的十一件變亂，雖可稱得上是「建國運動」，然而卻看不到促使「台灣人」崛起的口號。這些變亂，結黨的性質很強，因此適足以顯示以台灣為範疇的台灣人意識在當時還是不存在。這些變亂和「反清復明」的變亂一樣，首謀者自身都是想以稱王為目的，以致始終無法超越「改朝換代」的格局[18]。

台灣民主國

1895年在台灣宣佈獨立的「台灣民主國」（The Repubic of

---

〔17〕拙論文〈台灣獨立運動史(1)〉，《台灣》月刊，台灣青年獨立聯盟發行，1969年1月號，35〜8頁。

〔18〕同上，44頁。

Formosa），和從前的建國運動有三點不同：第一，在獨立宣言中主張：「所有的國務都由公民公選出來的官吏來推動。」關於這一點，不管是出於歐美人士的建議，或是爲了得到外國承認而採取的一種手段，用「公民」（people）這個詞彙來宣揚台灣住民的意志，有其特別的意義；其次，台灣民主國是第一個明確地表達了以台灣做爲領土的建國運動；第三，不論實際的情形如何，它是首先嘗試亞洲任何其他國家所未曾經歷過的共和體制[19]。

觀察這個時期的台灣，筆者並不認爲在台灣民眾之間做爲「台灣人」的共同意識已經蘊育；但是在部分的有識之士中，以台灣爲範疇的台灣人意識已經萌芽了。例如，台灣民主國的副總統丘逢甲就曾高呼：「台灣是我們台人的，絕對不容他人私相授受，清廷雖然拋棄了我們，但我們再怎麼樣也不能自暴自棄。」[20]轉戰各地的抗日運動領袖徐驤也大聲疾呼：「我們台灣孤懸於海上，清國朝廷不在乎台灣的有無，台灣是被遺棄的土地。守護台灣的只有我們台民，我們願意將我們的鮮血爲台灣而流盡，我們願意將我們的頭顱爲台灣而粉碎。」[21]

這兩人所使用的「台人」、「台民」的稱呼，貫穿著強烈的「我群意識」（we-consciousness），也就是台灣人意識。也許是因爲入侵的日本人很明顯是異族，所以兩相對照之下，做爲一個

---

〔19〕榎本武揚在北海道函館建立的「共和國」，幾乎可以完全加以忽視。

〔20〕羅香林輯校《劉永福歷史草》，台北，正中書局，1957年，241頁。

〔21〕江山淵〈徐驤傳〉，上海，商務印書館《小說月報》，第9卷第3號（1918年3月），4頁。

「台灣人」的形象很容易就湧現出來。

關於台灣民主國的評價有很多，中華民國政府方面因為不想承認台灣的歷史有獨立的紀錄，於是就根據總統唐景崧在台灣宣佈獨立時發給清廷的電文中有台灣願對清廷「奉為正朔，作其屏藩」等字眼，因而斷言台灣民主國並沒有真正獨立的願望。持這一看法的人，硬要把台灣民主國與清國拉在一起，而其結論必然會陷入強調漢人是對「異族王朝」：清國效忠的矛盾中。

耐人尋味的是，台灣獨立運動者之中也有人注意到唐總統電文中的「正朔、屏藩」等字眼，因而對台灣民主國相關人士建立獨立國家的意圖抱持懷疑的態度[22]。

廖文毅則將台灣民主國定位為繼承鄭氏王朝、朱一貴、林爽文以及戴萬生的傳統，致力於完成台灣獨立的願望[23]。甚至連雅堂在《台灣通史》中，也將這個時期當作是獨立的國家，例如他的通史第四卷就叫做〈獨立紀〉。

1928年台灣共產黨在其政治大綱中表示：「台灣民主國是在長久以來反抗滿州異族統治的台灣民族革命空氣最洋溢的時候產生，它的主要任務是對抗日本侵略台灣。」他們也認為：「台灣民主國想要建設一個民族獨立的國家並為資本主義開路，其革命運動的主力是資本主義的中型地主、商人與激進武士的結合，他們可以說是表現了一種全民性集體行動的國民革命型態，只可惜

---

〔22〕王育德，前引書，88頁。
〔23〕廖文毅，前引書，第五章，〈台灣民主國時代〉，34頁。

這個國民革命由於台灣的資產階級尚未成熟的緣故，以致被日本帝國主義鎮壓了。」[24]

筆者很懷疑台灣民主國眞的如台灣共產黨所理解的那樣，因此他們的主張只能看作是誇張字句的堆砌而已。然而，這也正可以表示，做爲一個革命政黨的台灣共產黨給予台灣民主國很高的評價。

在日本統治時期的武裝抗日事件中，並沒有人高唱要收復台灣民主國失土並繼承它光榮的歷史，如果有的話，大概就只有在大陸曾受前台灣民主國副總統丘逢甲知遇之恩的羅福星。但是他之所以發動苗栗事件，與其說是受到台灣民主國的影響，毋寧說是受到辛亥革命的影響[25]。至於日本侵台時所引發的一連串武裝抵抗，則更應另當別論。總之，可以肯定的是，台灣民主國本身對一般台灣民衆的影響是很小的。

可是，值得驚訝的是在台灣民主國建立75年之後的1970年，竟然在中華民國統治下的台灣「泰源職訓監獄」（政治犯監獄），爆發了以台灣民主國復國爲目標的武裝叛亂事件。預定參加行動的計有警衛中隊五十六名、政治犯七十六名(一說九十六名)、原住民系台灣人三十名。行動當天，由於參與者對計劃的內容產生意見摩擦，以致終告失敗，結果有五人被判處死刑[26]。

---

〔24〕台灣總督府警務局編印《台灣總督府警察沿革誌》，第二篇，中卷，〈社會運動史〉，1939年，601～2頁。

〔25〕莊金德、賀嗣章編譯《羅福星抗日革命案全檔》，台灣省文獻委員會，1965年。

他們認爲台灣人在1895年的「5月16日」建立了台灣民主國，所以參加者多數希望以這一天做爲行動的日子，並且以台灣民主國的國旗：黃虎旗當作國旗來使用。就上述兩點而言，他們認爲具有很大的歷史意義，可是據說因爲武器調度的關係，而不得不提前在3月7日發難[27]。

事實上，台灣民主國的建立是在5月25日，雖然他們把民主國建立的日子弄錯了，但是無論如何，就「75年後的歷史傳承」這一點而言，這群參加起事的人士顯然藉此表示他們難以割捨古代的「榮光」，而將其美化了。

日本的台灣統治

對於日本統治台灣，不管是第二次大戰後的台灣民族主義者或是國民黨，都把它當作是異族的侵略。可是在帝國主義盛行的時代，戰勝國從戰敗國手中接受割讓的領土是被視爲「正當」的。而且在十九世紀末的台灣，尚不能說台灣民族已經形成，即使所謂的漢民族主義也還不存在於台灣。

關於這個問題，與日人合作的主要人物辜顯榮曾提出以下的說法：

─────────────

〔26〕莊炳容〈我們是復國，不是台灣獨立！一頁驚心動魄的革命——泰源監獄事件〉，《新潮流》第2期，1986年6月。筆者使用的是1986年7月17日《台灣公論報》轉載的文章。

〔27〕同上。又有一說是2月17日。

「〔日本〕帝國領台以前的我原本只是清朝的百姓而不是官吏，因此如果攻擊我抱有貳心以致變節的話，我想不盡公平吧！尤其是我並沒有背叛清國，反而是清國皇帝將台灣割讓給日本帝國之後，我堂堂正正地成為日本帝國的臣民。既然已經做了日本臣民，當然要向日本帝國盡忠，況且拯救三百六十萬同胞一向是我的初衷。」[28]

儘管他的觀點理路清晰，但是仍被漢民族主義者罵作「漢奸」，而被台灣民族主義者指為「台奸」，因為雙方對於這種見解都完全不能接受。可是，日本統治時期著名的漢族系台灣人政治運動家蔡培火，卻在1928年寫出以下令人深思的見解：

「日本領有台灣，純粹是由於日清兩國間勢力鬥爭演變的結果，而在我們台灣民眾的印象裡只不過把它當作是難以想像的結果和命運而已。我們多數的台灣島民絲毫不曾感覺到亡國，或屈辱，或被征服。……清朝與我們何干？日本也和我們沒有任何恩怨。……如果和朝鮮民族歸屬日本時的心情相比較的話，我們台灣對日本而言，似乎遙遠得有如白紙一樣。」[29]

---

〔28〕尾崎秀太郎編《辜顯榮翁傳》，台北，該傳刊行會，1939年，343頁。
〔29〕蔡培火《日本本國民に與ふ——植民地問題解決の基調》(致日本國民——解決殖民地問題之基礎)，東京，台灣問題研究會發行，岩波書店銷售，1928年，33～5頁。

武裝抗日事件的意義

　　台灣武裝抗日運動之所以激烈，最大原因在於赴台灣接收的日本軍的鎮壓與報復過於殘暴所引起。截至1915年爲止，武裝抗日運動二十年間一直持續著，光是根據日本官方文件計算，台灣住民喪失生命者不下三萬人〔30〕。以當時的人口比率而言，這個數字實在不少。這些武裝抗日事件當中，明確地以台灣建國爲目標的還是不乏其人。其中包括黃國鎮事件(1897)、林杞埔事件(1912)、土庫事件(1912)、六甲事件(1914)等，這些都可以說是日本殖民地當局壓制所激起的抵抗，事件首謀者不是稱帝就是稱王，個人英雄主義的傾向很強，但在台灣人意識形成面的評價上卻不高。至於比這些事件還早發生而於1896年由簡義、柯鐵等所領導的鐵國山事件，由於其首領曾被擁戴爲「總統」，因此似乎可以看得出某種近代化的徵兆〔31〕。

　　1913年的關帝廟事件是以建立「自由的台灣國」爲目的；同年的苗栗事件可說是因爲受辛亥革命影響的大陸中國人介入而引發的，它的目標是建立以「共和制爲基礎的台灣國」；1915年的西來庵事件是以「大明慈悲國」爲國號，其目標是建立一個以佛道爲基礎的國家，事件首謀者曾飛檄各地，企圖喚起所有台灣人

---

〔30〕包括原住民的台灣人口，1895年時約270萬人，1915年時爲341萬人。因抗日運動而死亡者，1895年爲1萬多人，後藤新平時代的1898～1902年則達11,950人，由於限於篇幅，此處不予詳列。

〔31〕前引書，拙論文(2)，《台灣》，1969年2月號，31～6頁。

〔32〕同上。

起義。它的同志遍佈全島各地，後來因此案被檢舉者達二千人之多[32]。由以上的事件可以顯示，台灣人意識在這個時期已經變得比較明確了。如果把民族主義界定爲一群人想在同一國家下生活的願望和運動的話，那麼從台灣民主國到西來庵事件的這二十年，可以看作是台灣民族主義形成的胎動期吧！它的形成要因，主要還是透過日本統治台灣期間所造成的，關於此點，筆者將在後面加以敍述。在這個時期，意識上的特徵是，雖然有「台灣人」的共同意識，但是和其他民族有所區別並進一步鞏固的民族意識，亦即所謂的「台灣民族意識」，則尙未形成。至於「民族」的概念傳入台灣，還是在辛亥革命發生以後的事情。

接受漢民族主義

1897年，孫文派遣楊心如和陳少白到台北設立興中會台灣分會，由於這項舉動僅止於吸收了二十二名秘密會員，因此還不能算是漢民族主義的台灣傳播的跡象。孫文本身也在1900年親訪台灣，滯留了四十二天，而其來台的目的是爲了發動惠州起義，所以來台灣和總督府接洽，希望能得到他們的援助。所以，與其把孫文此舉說成他來台鼓吹漢民族主義以便和台灣總督府對抗，倒不如說是和日本政府合作，才合乎事實[33]。

可是，十年後辛亥革命的成功卻給予台灣很大的衝擊。國祚長達近三世紀之久的大帝國：清國的滅亡，對台灣人來說是很大

---

[33]李雲漢〈國民革命與台灣〉，王曾才編，前引書，160頁。

的震撼。伴隨著革命的成功，革命領袖孫文所提倡的「漢民族主義」與他所創造的「中華民族」的概念，乃逐漸放出輝煌的光彩。

孫文感嘆中國有家族主義和宗族主義，但卻沒有國族主義，其實這也正是日本統治下的台灣住民的通病。例如，漢族系台灣人之間，福佬與客家的對立是眾所皆知的事。

孫文將民族的構成要素界定為血統、語言、宗教、風俗、生活習慣等五者，而一些漢族系台灣人政治運動者也接受了這種定義。根據這種定義，雖然客家和福佬的語言不同，但是因為其他要素是兩者共通的，所以仍同屬於「漢民族」，可是原住民各族則不算在「漢民族」的範疇之內。

由此觀之，「民族」的概念導入台灣，是和「漢民族主義」同時，而其結果，則造成漢族系台灣人政治運動者的認同形成以下所述的模式：

> 「台灣住民因為是在日本統治之下，所以是日本帝國的臣民或國民。可是同屬日本國民，日本人是統治者，台灣人卻是被統治者。台灣人是存在於中國的漢民族的一支，中國雖然是台灣人的祖國，但台灣人卻不是中國的國民。原住民則是野蠻人，並不包括在台灣人裡面。」

在那個時代裡，和日本人相對的所謂「台灣人」這個名稱，相當明白地含有台灣人意識。可是因為漢民族主義的引進，而且部分人士又接受了這個觀念，以致造成了和中國漢民族的界線變得很曖昧模糊。

在這裡值得注意的是，自辛亥革命以後，「中國人」的稱呼開始在中國大陸逐漸地普遍，但是漢族系台灣人政治運動者特別將自己視為「中國人」的卻很少。這也許是由於他們認識到彼此雖然同屬一個「民族」，但卻不是同一個國家的國民吧！

漢族系台灣人政治運動者刻意地將原住民各族排除於「漢民族」之外。客觀說來，如果沒有經過原住民各族的同意，就將對方納入「自己的民族」之中，這是一種踰越的舉動。可是，漢族系台灣人政治運動者之所以將原住民排除於漢民族之外，並不是基於這種考量。他們是以漢族的觀點將原住民視為野蠻人，而且肆無忌憚地使用「生番」、「番人」等帶有侮辱性的稱呼，甚至連在意識型態上最為激進的無政府主義者也是如此[34]。

在未經原住民的同意下不將原住民包含在漢民族裡面，這基本上是對的。然而，這些漢族系政治運動者卻沒有注意到，將原住民排除於「台灣人」之外，是一件很不合理的事情。所謂「台灣人」，應該是包含從很久以前就在台灣定居，並一起受當政者壓迫的所有住民。更何況是，僅就在台灣定居時間的長度而言，原住民遠比漢族系居民更有資格當台灣人。

台灣民族主義的勃興

1928年做為「第三國際日本民族支部」中之「台灣民族支

---

〔34〕參見1931年「在中國台灣無政府共產主義者聯盟」所發表的〈六一七台灣島恥紀念宣言〉，《現代史資料》22——台灣(2)，みすず書房，1975年，71頁。

部」的台灣共產黨正式創立，在它的政治大綱中揭示「台灣民族
獨立」和「建立台灣共和國」的主張。關於主張獨立和建立共和
國，如前述，已有好些早期政治運動提出類似的主張。可是「台
灣民族主義」的出現，則可以解釋成做爲台灣人的一種認同已經
更進一步地強化了。台共的政治大綱雖然是由日本共產黨幹部佐
野學和渡邊政之輔兩人所起草，可是這都是他們先聽取謝雪紅和
林木順有關台灣情勢的說明之後才完成的[35]，因此可說有相當
程度反映了台灣人共產主義者的主張。正如以下所要敍述的，在
中國大陸活動的部分台灣人政治運動者，其實早在1924年就已經
高唱台灣民族主義了。

　　前往中國大陸的部分人士，譬如像上海台灣青年會（1924年
成立）、閩南台灣學生連合會（1924年成立）、廈門中國台灣同志
會（1925年成立）、廣東台灣革命青年團（1927年成立）等團體，就
主張由中華民國來收復台灣；但也有像台灣自治協會（1924年成
立）那樣的，稱中國人爲中華人民，以便和台灣人劃淸界線，並
高唱台灣民族主義，主張台灣獨立；也有像平社（1924年成立）那
樣的，主張台灣人的民族獨立；也有像台韓同志會（1924年成立）
那樣的，認爲台韓民族都具華人的血統，因此台韓應當獨立以共
組自由聯邦；也有像上海台灣學生連合會（1925年成立）那樣的，
主張台灣民族革命；更有如中台同志會（1926年成立）所主張的：
台灣民族在實現台灣獨立之後，由台灣民衆投票決定是否與中國

---

〔35〕若林正丈《台灣抗日運動史研究》，研文出版，1983年，305頁。

組成聯邦或者合併。總之，各種各樣的主張都曾在大陸被提出來過[36]。

　　誠如上述，早在1924年台灣島外已經高舉著「台灣民族主義」的旗幟，但是他們為什麼身處中國，卻又同時高唱台灣民族主義、主張台灣獨立呢？曾經是廣東台灣革命青年團重要幹部，但後來卻又放棄政治運動的張深切曾做如下的回憶：

> 「由於當時革命同志目睹祖國的革命尚未成功，更別說
> 會夢想到中國戰勝日本而收復台灣，所以一般的革命同
> 志提出這句口號的目的，第一是為了順應民族自決的時
> 代潮流，以尋求全世界的同情；第二是為了表示台灣人
> 絕對不服從日本的統治，而且無論如何也絕對要爭取到
> 台灣乃台灣人的台灣而後已。」[37]

　　他認為台灣「復歸祖國」已經絕望，所以才決定採取中策，主張台灣獨立。這種事後的追憶，如要考查其背景，即不能說是具有普遍的真理。因為以中日戰爭的爆發做為契機，同樣的在中國大陸出現了台灣獨立革命黨、民主總聯盟、台灣國民黨，以及台灣青年黨。1940年，這些團體聯合起來組成了「台灣革命同盟會」，41年又組了「中國國民黨組織部直屬台灣黨部籌備處」（43年改組成「中國國民黨直屬台灣執行委員會」）。儘管這兩個組織都是在國民黨的指導下，但是在1943年的開羅會議之前，這

---

[36]前引書，《警察沿革誌》，第二篇，中卷，68～136頁。
[37]張深切《廣東台灣獨立革命運動史略》，中央書局，1947年，16頁。

些漢族系台灣人政治運動者之間的主張可分爲台灣獨立、國際託管台灣、回歸中華民國等三種不同的意見，彼此之間爭執不休[38]。

那麼台灣共產黨的情形又如何呢？儘管多數的漢族系台灣人政治運動者都接受了漢民族主義，但是爲何只有台灣共產黨膽敢高唱台灣民族主義呢？關於這一點，現在尚找不到台灣共產黨本身有關此點的說明。但是，也許有如下的因素。

第一次世界大戰中，在美國總統威爾遜揭櫫的「十四點和平原則」中所披露的「民族自決原則」，以及歷經一世紀的尋求獨立而終於在1921年成爲自由邦的愛爾蘭之成功例子，都給予漢族系台灣人政治運動者很大的鼓舞[39]。很明顯的，民族主義的理念帶給他們一種印象，認爲民族主義和解放、獨立有很深的關聯。其中台灣共產黨批判台灣以往的政治運動因爲都在資產階級領導之下，所以革命行動受到很大的限制，他們確信只有「台灣民族主義」才是能夠聯合勞動者和農民的唯一手段。如果和筆者個人經驗相對照的話，筆者體會到，不論戰前或戰後，不管在農村還是在敎育水準較低的階層，做爲一個台灣人的自我意識的確是有的，而對於接受大和民族主義或漢民族主義理念的基礎，

---

〔38〕黃啓瑞〈台灣光復運動與翁俊明先生〉，黃朝琴等著《國民革命運動與台灣》，台北，中華文化出版事業委員會，51～3頁。

〔39〕威爾遜的「民族自決原則」並非打算適用於全世界，而是僅限於歐洲各個民族。又，雖然愛爾蘭自由邦仍爲大英帝國總督統治下的自治領，但是台灣人仍以期望的心情來看待此事，並藉此互相鼓勵。這是一個人的感受比事實更加重要的好例子。

則可以說是非常地薄弱[40]。

　　台灣共產黨和前述的漢民族主義者一樣，不把原住民包含在「台灣民族」裡面，他們也將原住民視同「有如野蠻人的生蕃」（1928年政治大綱）。在1932年的政治大綱裡，「生蕃」的用語雖然代之以「蕃人」（banjin），但仍然將原住民視為「蕃族」，因此很難認為他們對原住民的蔑視態度有任何變化。所以，如同漢民族主義者和台灣民族主義者，他們表面上可以說已有將原住民平等視之的想法，但事實上仍然只是口號罷了。

　　在1921年的第一次台灣議會設置理由書裡，使用「熟蕃人」的字眼來稱呼原住民，並將原住民也包含在有權選舉台灣議會議員者之中。而根據議會設置運動者的回憶，所謂「熟蕃人」是指以下將要提及的「平埔族」，至於住在山地的原住民則被排除在外[41]。

　　1926年，漢族系台灣人政治運動的機關報《台灣民報》曾主張：「凡是在台灣出生者，全都是台灣人。」[42]根據這項前提，

---

〔40〕筆者原住在台南縣鄉下的下山仔寮及佳里，1945年以後，在唸初中和高中時則住在台南市，但卻從未聽過學校老師及政府官員以外的台灣人說「我們是日本人」或「我們是中國人」。

〔41〕1984年發表的拙論文〈殖民地與文化摩擦〉，收錄於平野健一郎編《近代日本和亞洲》，東京大學出版會，1984年，173～94頁。筆者曾說「熟蕃人」係指「熟蕃」（平埔族）和「蕃人」（山地原住民）。但經查對台灣議會設置運動者的回憶文章，即葉榮鐘等人合著的《台灣民族運動史》（台北，自立晚報叢書，1971年，266頁），卻發現能組成台灣議會的「台灣住民」，被解釋為在台日本人（內地人）、本島人以及「歸化蕃人」，即平埔族，山地原住民則被除外。特藉此機會更正。

在台日本人當然也成了它所指涉的對象，而且理論上所有的原住民也都應當包含在內。然而，他們有時候並不做此想，因為假使果真包含所有原住民的話，那麼這將是一個劃時代的評論，而且他們也必定用大量的篇幅來宣傳此種主張[43]。

至於台灣共產黨的情形，在其1931年的政治大綱裡，它高唱「國內民族一律平等」；而在其1933年的政治大綱裡，還是重覆這個論調，而且主張：「日本人、中國人及蕃人在台灣島內皆屬少數民族。」[44]如此般地將原住民視為少數民族，並高唱其與台灣民族平等。

如此一來，看得出台共對原住民的態度已有了變化，可是，儘管如此，他們還是繼續使用「蕃人」此一帶有蔑視意味的稱呼。

此外，撇開蔑視的問題不談，台灣共產黨將原住民視為「一種少數民族」，也有其不當之處。在1933年時，台灣的總人口有五百零六萬，其中除了漢族系台灣人以外，日本本國人（內地人）有二十六萬，中國人有四萬，原住民則是二十萬[45]。

儘管原住民和漢族系居民有不同之處，可是另一方面，這些原住民是否有做為「同一種民族」的共同意識，則有太多的疑問。

---

〔42〕《台灣民報》周刊，第111號，1926年6月27日，社論。

〔43〕前面註〔41〕所提到的拙論文中，曾斷定《台灣民報》這篇社論把原住民也包括在內，該種說法似有保留的必要。

〔44〕前引書，《警察沿革誌》，第二篇，中卷，719、732頁。

〔45〕台灣總督府官房調查課編《昭和8（1933）年台灣總督府第三十七統計書》，台北，台灣時報社，1935年，28～9頁。

當時的原住民(二〇萬四千人)是這樣分類的:

平埔族(五萬七千人)

△Kavalan	△Pazeh	△Sao
?Trobiawan	?Taivoan	?Makatao
×Ketagalan	×Taokas	×Papora
×Babuza	×Hoanya	×Siraya

山地各族(十四萬七千人)

☆Ami(Panatas)	☆Atayal	☆Paiwan
☆Bunun	☆Puyuma	☆Rukai
☆Tsou	☆Saisiat	☆Yami

從上表即可了解,雖然稱之為「平埔族」,但其實並不是單一的種族,而是幾個居住在平地,而且語言、習俗不盡相同的種族。這些人從荷蘭時代起即被荷蘭人和漢族系移民的文化巨浪所吞噬,不但失掉了自己固有的習俗,而且變得和漢族系人難以分辨了。

在包含原住民的上表中,有☆符號者,表示還沿用著自己種族固有的語言;有△符號者,表示在家庭內有某種程度還使用自己種族固有的語言,但平時卻常使用漢族系的語言;有?符號者,表示調查結果不明:有×符號者,表示已喪失了自己固有的語言,而以漢族系的語言來當做自己的日常語言[46]。以上都是1930年代的情形,因此,若將當時的這些人當做「一種」少數民

---

〔46〕參見宮本延人《台灣の原住民族》,六興出版,1985年,64〜6頁。

族來看的話，可說是相當牽強。

僅就台灣共產黨的主張而言，很明顯的，該黨是以建立台灣共和國為目標。而且，儘管建黨之初雖然也曾主張提倡過民主社會主義，但是不論如何，它最後還是會走向預定的無產階級專政[47]。因此，它和漢民族的界線到底要怎樣劃分呢？

在1933年的政治大綱裡，台共將在台中國人（約四萬人）當做少數民族來看待，從這一點來看，可以說台灣共產黨所高唱的台灣民族主義就是要和漢民族劃清界線的。雖然在政治運動者之間常有意識型態的論爭，但是為什麼在早先的漢民族主義者和後來的台灣民族主義者之間，沒有關於漢、台兩種民族主義的意識型態之爭呢？它的理由，可能如下：

第一、在那個時代，台灣人意識已相當普遍了，而且所有的政治運動者也都流行主張台灣人的利益。所以就這一點而言，雙方並無二致。

第二、這兩種民族主義觀點都是基於對抗日本殖民當局而產生的，由於不是以中國為對象，所以沒有必要就民族主義發生爭執。

第三、雙方皆有一個共識，亦即都將原住民排除在外，認為自己的祖先是來自華南的移民。

第四、要發動台灣大眾來對付日本，以「台灣人意識」便綽綽有餘了，而且效果也不錯。況且，所謂的民族理論對大眾而言

---

〔47〕前引書，《警察沿革誌》，第二篇，中卷，593、723頁。

是相當隔閡的「深奧理論」，因此實在沒有必要特別強調兩種民族主義的差異。

關於日本化

在考察日本帝國統治下的台灣住民的認同時，如果只探討抵抗運動成員的話，則過於片面。台灣總督府爲了把日本文化移植到台灣，極力普及教育。當人們接受一種新的文化時，相對地，此舉會帶來精神層面上一定的變化。此外，在利用國家權力強行輸入文化的同時，也將會無可避免地導入國家意識和民族意識。如果說教育本身的目的是爲政者利用它來灌輸國家意識與民族意識的話，這絕非言過其實。進一步來說，如果爲政者的施政使生活環境有顯著改善時，隨著這個國家國力的增強，國際地位的提高，被它所統治的人民的認同也會隨之增強。譬如在乾隆朝的盛世，以往中國各地極力抵抗滿族入侵的漢族不也都俯首稱臣嗎？直到清末產生了漢民族主義之後，這些人雖然頗以「漢民族五千年的文化」而自豪，但在辛亥革命時卻仍有不少漢人誓死效忠清廷。從被革命軍所殺害的漢族武將的例子、爲數不少的漢族大眾拒剔滿州辮子的例子，以及甚至連身爲漢族之國：中華民國國務卿的漢人徐世昌也希望滿州皇帝復辟的例子，都可以看出經過長期被統治所引起認同上的變化，毋寧可說是一件很普通的事情。

任何國家內部之所以能有今天的和諧，都是經由過去的懷柔政策或強制行爲所帶來的認同改變而形成的，台灣住民自然也不能例外。

日本統治時代的交通通信工具呈現飛躍的發展，而且日本語的普及提供了各語族住民間溝通的媒介，並進而產生了相互理解，長此以往，這對使用優勢語言福佬話的心理阻力就會減少。日本語對於台灣人的自我調整，以及出乎殖民當局意料之外的台灣人意識的確立，都的確有其影響。

但是，無可否認的，日本當局對台灣的建設也收到了相當滿意的預期效果。在日本統治時代，台灣的經濟以及產業基礎部門的飛躍進步已無庸贅言。再者，第一次世界大戰後，日本勉強躋身為五大強國之一、中日戰爭時日本國力的增強，以及第二次大戰初期的戰果等，都是日本對被殖民的台灣人誇示國力時不可缺少的題材。如果跟隨趨勢是民眾習性的話，那麼日本當局的教育宣傳可謂達到了效果。不少台灣住民開始對日本產生認同，這種現象雖然令後人難堪，但在當時卻是不足為奇。特別是受漢人輕視且佔人口比率較低的原住民，他們尤其對日本抱持相當強烈的認同。1974年在莫洛泰伊島(Morotai)被發現的最後一位日本兵中村輝夫(漢名李光輝，本名Suniyon)就是一個戲劇性的例子。

舉一個當時著名的台灣人漢民族主義者為例來說明吧！因為在那個時候，日記應該比評論更能表達一個人的心聲吧！以下就以日記作為史料來加以說明。

既是醫師也是文學家的台灣人漢民族主義者吳新榮，將1935年出生的長女取名為「朱里」，之所以要取名為「朱里」，是由於「里」代表故鄉「佳里」，而「朱色則是我漢民族最喜愛、最尊貴之色」。兩年之後，1937年中日戰爭爆發，他被殖民政府當

局任命爲國民精神總動員分會的參贊，而自己的妻子也成爲愛國婦人會的會員，他肯定這一切都是時勢、潮流之所趨，於是他在日記上記載著人人都是順應着趨勢。在歡送被徵爲軍伕的台灣青年出征之後，他頗有所感地寫道：「台灣人也參加歷史的行動是理所當然的。」

從1938年起他開始改用日文寫日記，他以如下的文字描述自己的心境：

「正如同我在日常生活使用日語一樣，我寫日記時使用日文也是極爲自然之事。」「方便與必要乃同化不可或缺的條件，我們是爲求方便與必要所迫，而被日本人同化的台灣人，於是任何人都認爲我們是日本人，恐怕大和民族形成以前的日本人也是如此吧。」

另一方面，由於他的心境變化尚未確定，因此在得知中華民國維新政府(主席梁鴻志)成立後，他感嘆地寫道：「悲哉，我中華民國四分五裂。」即使到了隔年也仍這樣寫道：「中華民族永遠不滅。」並表示願在身後埋骨大陸，充分表現出一位漢民族主義者的心意。儘管如此，但在他看到了日本當局在佳里建立一座象徵日本精神的神社時，卻又吟詠該建築「頗爲壯觀」；同時對於做爲皇民化運動一環的獎勵台灣人更改姓氏，他不但不加以抵制，反而非常費心地斟酌要使用哪個新名字。

到了1941年，他對日本的認同更加明確了。這一年德蘇開戰，他在實施了台灣人志願兵制度後表示：「本島人爲防備這次世界的大動亂而接受精神上與肉體上的訓練，吾人舉雙手贊

成。」而且還鼓動留學東京、時正回台省親的弟弟：「在這國家飛躍期之際，在這民族命運交關的時期，我們應超越個人的打算，並將個人的死生置之度外。」

這裡所謂的「國家」、「民族」，當然是指日本而言。這一年的12月8日爆發珍珠港事件，他驚訝於「日本未待重慶投降就與英、美開戰」；然而在聽到夏威夷的戰果時，他寫道：「足證日本海軍的強大。」總之，從他身上完全看不到「重慶是祖國」的意識，反而可以說是好像期待著重慶能投降日本。他更進一步站在日本人的立場，預測菲律賓、安南、緬甸以及印度的獨立，並趾高氣昂地指出，這對日本來說，才是「大東亞戰爭最大的意義」。

在1944年，當他弟弟因所乘的船被美國潛水艇擊沉而溺斃時，他寫道：「我們當然已覺悟到，在獲得最後的勝利之前，隨時都可能會犧牲。」此種言行實足以為後方的表率。同年1月，他向一位漢學泰斗請教，首次得知吳姓並不是純粹的漢族，而是已經和「南蠻」混血的結果。又因為他的父親是從謝家入贅吳家，所以他認為：「我們已非純粹的吳姓子孫。」那麼改取日本姓氏，「以新民之姿開創新天地，亦屬當然之事。」9月1日，當他看到美國軍機利用月明來空襲時，竟憤怒地說：「明月可憎，敵機更可恨。」在此，他完全不認為這是美國和中華民國要來「解放」台灣。

到了1945年，在得知美軍進入馬尼拉之後，他寫下他的決心：「吾人非固守台灣聖土不可，以免遺禍子孫。」在這個時候，

聯合國已經發表其方針爲：如果聯合國勝利的話，將依據開羅宣言，把台灣還給中華民國。由此可見，他並不希望回到叫做中華民國之「祖國」的懷抱。到了6月6日，也許他已預見到日本會戰敗吧！於是他變得認爲「非研究中國的政治思想和文學思想不可」，於是乃重新翻閱孫文全集。

8月15日，雖然他還沒有聽到終戰詔書，可是對於自己能預料「日本戰敗」，並表示「果然猜中，自己也感到驚訝」，由此似乎完全看不出他有任何一絲「復歸祖國」的喜悅[48]。

一群在日本時代從事政治運動的漢族系台灣人蔡培火、陳逢源、林柏壽、吳三連與葉榮鐘等人，於戰後在蔣介石政權下的台北出版了《台灣民族運動史》，在該書中，他們將日本統治下自己所從事的「漢民族主義運動」稱之爲「台灣民族運動」時，做了以下的界定：

> 「台灣民族運動的目的在於脫離日本的羈絆，以復歸祖國懷抱爲共同的願望，此點殆無爭議的餘地。」[49]

由於對蔣政權的顧慮，即使有它不得已的一面，但是，如果將他們的解釋和吳新榮的心路歷程合起來思考的話，很明確地可以看出他們的解釋畢竟尙有太多「討論的餘地」。

日本當局利用滿州事變爆發做爲契機，扼殺了台灣人的政治

---

〔48〕張良澤編《吳新榮全集》6——《吳新榮日記》（戰前），台北，遠景出版事業公司，1981年。
〔49〕葉榮鐘等，前引書，凡例，1頁。

運動。從此以後，漢、台兩種民族主義都沉寂下來，台灣人被迫日本化，這在當時是真真確確的事實。

結 語

台灣人意識是在台灣被日本統治的五十年間確立的，這已經成為定論。但是，筆者並不認為當時的台灣人意識已經達到有民族理念的地步。

台灣人意識是在抵抗日本人的過程中產生的，很諷刺的是，由台灣總督府所推行的日本語教育卻促成各種族間有了共通語言，並更進一步由於通信、交通、經濟開發等因素，造成住民間頻繁的交流，上述諸因素在在有助於促進台灣人意識的形成。

台灣人意識是在抵抗日本統治的過程中產生的，然而由於受到大漢沙文主義的影響，以致將原住民排除在外，因此這可以說是它的一個污點。所謂的「台灣人」，應該也包含原住民在內，所以在這篇論文裡，一律將原住民以外的台灣人稱為「漢族系台灣人」。進一步來說，在這裡之所以不把他們當作「漢族」，而將他們當作「漢族系」，是因為這些人在華南福建、廣東等地時，就已經與被「中華」視之為「南蠻」的人通婚，而來到台灣之後，又與原住民通婚，因此就血緣上而言，他們實在只是「心理上為漢族」，如要說他們是「同種」的「漢族」，證據實在很薄弱。但是，由於他們主張自己是「漢族」出身，基於應該尊重他們這個意見的觀點，所以將他們稱為「漢族系」。

　　原住民與漢族系台灣人之間的關係，如同霧社事件所呈現的
例子，兩者間雖然顯已好轉，但是基本上這種好轉的趨勢，還是
要遲至二次世界大戰以後。

　　台灣人意識是「民族」理念中初級的意識，在日本時代雖然
它潛藏著昇華爲「台灣民族意識」的可能性，但也僅止於「日本
民族中的台灣人」或「中華民族中的台灣人」的這種可能性。

　　結果台灣人意識並沒有被日本民族意識所吸納，這是因爲台
灣終於脫離日本的統治而杜絕這種可能性。此外，在日本統治末
期，正值漢民族主義運動消褪，一般台灣大眾的意識既不傾向漢
民族意識，也不傾向於中華民族的民族意識。而且因爲做爲一個
獨立民族的自覺遲遲未到，於是台灣民族意識終於無法確立。

　　因爲台灣「民族」的概念並不是在對抗中華民國的過程中所
產生，因此漢、台兩民族間的界線也難以劃清；至於台灣民族主
義本身的性格，則要等到擁有因中華民國統治台灣而得的「中國
經驗」後才告確立。關於這個問題，筆者希望不久能在訂名爲
〈台灣的民族與國家──第二次大戰後的狀況〉的論文中，再做
進一步的討論。

譯者註：本文日文原題〈台灣の民族と國家──その歷史的考察〉，原載
　　　　日本國際政治學會編《國際政治》第84期，1987年2月，62～79
　　　　頁。漢文譯稿發表於《民進報周刊》第43～5號，1987年12月～
　　　　1988年1月。〔註釋〕部分係由張國興譯。

美國決定「台灣中立化」政策之過程

序論　問題之所在：美國對台政策的變化

1950年6月25日破曉，北韓和韓國雙方軍隊在朝鮮半島38度線發生軍事衝突，北韓軍隊大舉南侵。

聯合國安全理事會在25日當天斷定本事件爲「北韓對韓國之攻擊」[1]。接著在27日「建議會員國援助韓國排除北韓的軍事攻擊，以便恢復該地區的國際和平及安全」[2]。

美國總統杜魯門（Harry S. Truman）也在27日發表聲明如下：

> 「在朝鮮，我們受到北韓的侵略性武裝攻擊。對朝鮮所發動的攻擊，這明白表示共產主義……已訴諸於武裝侵略及戰爭。在此情況下，共軍對台灣的佔領會直接威脅到太平洋地區的安全以及在該地區展開合法且必要活動

---

[1] United Nations, *U.N. Security Council Official Records,* S/PV.473 (June 25, 1950), pp.7～18.

[2] *Ibid.,* S/PV.474 (June 27, 1950), p.4.

的美國軍隊。因此，我已命令第七艦隊阻止對台灣的任何攻擊……」〔3〕

於是，以韓戰爲契機，台灣自1950年6月27日起就由美國第七艦隊加以防衛。

該項聲明後半表示：「我要求在台灣的中國政府停止以海空軍對(中國)大陸做任何攻擊，並由第七艦隊對此加以監視。」因此被解釋爲不但要阻止中共侵犯台灣，而且要阻止國府反攻大陸，以便防止在台灣海峽引起戰亂，從而使台灣海峽的局勢穩定，也就是所謂的「台灣中立化」。在這一點上，6月27日杜魯門的聲明可以說是「台灣中立化」聲明。

這和韓戰爆發前，特別是1950年1月美國的政策大異其趣。1月5日，杜魯門曾發表聲明，謂美國無意派兵到台灣。杜魯門在這項聲明中說：

「……美國無意以武裝部隊干涉台灣現狀，也不採取介入中國國內紛爭的路線。同樣地，美國對在台灣的中國軍隊亦不打算予以軍事援助或提供任何建議。」〔4〕

美國國務卿艾奇遜(Dean G. Acheson)在1月5日聲明後12日的記者會中說明美國的西太平洋防線時，台灣就沒有被包含在裡面〔5〕。

美國對防衛台灣所採取的這種態度，一直持續到韓戰爆發爲

---

〔3〕U.S. Department of State, *Bulletin,* XXIII (July 3, 1950), p.5.

〔4〕*Ibid.,* XXII (Jan. 9, 1950), p.79.

〔5〕*Ibid.,* XXII (Jan. 23, 1950), p.116.

止，但以韓戰爆發爲契機，在發表6月27日的聲明後就採取和以前截然不同的政策。

然而由此就可以說美國的政策已由放棄台灣改變爲防衛台灣嗎？要了解此點，就需要研究清楚1月5日的聲明是否表示美國採取放棄台灣的政策？以及當台灣眞的受到攻擊時，美國是否會按照〈一五聲明〉，不派遣美軍到台灣？

台灣海峽七月以後常有颱風，冬季則風強浪高。「如果中共要進犯台灣，早的話是四月，最適當的時間則是六、七月。」[6]事實上，已有人預測中共必將在1950年春或翌年春天「征服」台灣[7]，而美國國務院也接獲有這種可能的報告[8]。

在此危急時刻，杜魯門聲明無意給予在台灣的中國軍隊以軍事援助，這似乎表示美國已有意放棄台灣。

然而在這項聲明中也表示「要繼續推動經濟合作署（ECA）的經援計畫」。雖然「這項援助的金額很少」[9]，但艾奇遜卻又說：「要以經濟和外交的手段避免台灣落入敵對國家之手，已不

---

〔6〕臧啓芳〈再論救亡之道〉，《反攻半月刊》第五期，台北，1950年1月16日，106～7頁。

〔7〕Tillman Durin, "Formosa is now the focus of the Struggle in China," *New York Times,* International Edition Supplement, Dec. 11, 1949, p. 5, col. 5.

〔8〕*Military Situation in the Far East,* Hearings before the Committee on Armed Services and the Committee on Foreign Relations, United States Senate, 82nd Congress., 1st Session (Washington: Government Printing Office, 1951), p.1672.

可能。」〔10〕但只要經援仍在進行，並表明要繼續提供經援，這就表示美國尚未完全撒手不管台灣。

況且〈一五聲明〉中雖說美國不在台灣設置基地，這並非表示今後一直不會設置基地，而只是「目前（at this time）」不設基地。艾奇遜在記者招待會上對「目前」一詞雖解釋說：「不會緩和或減弱，並謹守〈一五聲明〉的基本政策。」〔11〕但又加上一句：「萬一美軍在遠東受到攻擊，則美國爲了防衛自身的安全，有採取任何行動的自由。」〔12〕

發表〈一五聲明〉後，美國大使館並未隨即撒出台灣，而以前就駐在台灣的少數美軍〔13〕也沒有撒退的跡象。如果中共攻打台灣，則在台美軍就有受害的可能。在此情況下，美國政府也許會將之解釋爲美軍受到攻擊。而且，鑑於艾奇遜所說的「有採取任何行動的自由」，美國也不一定只會袖手旁觀。另由朝鮮的例子可以發現，美國雖劃定西太平洋防線的範圍，但實際上在其防線外受到攻擊時，美國也不見得不會加以防衛。

至於朝鮮半島，早在1947年時，由於美國政府預算的分配，

---

〔9〕 William Knowland的發言，*Congressional Record,* Vol. 96, part 1, 81 st Congress, 2nd Session, Jan. 3～Feb. 2, 1950 (Washington: Government Printing Office, 1950), p.89.

〔10〕*Op. cit., Military Situation in the Far East,* p.1672.

〔11〕U.S. Department of State, *Bulletin,* XXII (Jan. 9, 1950), p.81.

〔12〕*Ibid.*

〔13〕莊嘉農《憤怒的台灣》，香港智源書局，1949年3月初版，145～150頁。

以及美國已在日本擁有強大的基地、長期佔領會引起居民反感等理由，聯合參謀本部即建議將朝鮮從美國的西太平洋防線中剔除。[14]

1950年1月12日，當艾奇遜談到美國的西太平洋防線時，朝鮮也和台灣一樣，並未包括在該防衛線之內[15]。但是當韓戰一告爆發，美國早在聯合國提出警告以前，就已著手防衛韓國了[16]。

因此筆者認為，〈一五聲明〉雖有美國政府想要終止和國府的關係之意，但並非表示要放棄台灣，或在任何情勢下都不會防衛台灣。

就防衛台灣一事來看，〈一五聲明〉和「台灣中立化」聲明的不同點就在於：〈一五聲明〉表明在當時的情勢下美國不會防衛台灣，而「台灣中立化」聲明則實際上把艦隊派遣到台灣。

對於這種政策上的改變，美國政府雖以「由於朝鮮……受到北韓的侵略」（「台灣中立化」聲明）來解釋，不過在朝鮮所發生的侵略行為即使是由北韓所發動，那也是在朝鮮發生的事，而不是以台灣作為對象的侵略行為。縱使如此，採取防止國共雙方在台灣海峽打仗的「台灣中立化」政策，也可以說是為了使台灣免於被捲入韓戰的漩渦，亦即在韓戰中保持「中立」。但是有鑑於

---

〔14〕John W. Spanier, *The Truman–MacArthur Controversy and the Korean War* (Harvard Univ. Press, 1959), pp.17～19.

〔15〕U.S. Department of State, *Bulletin,* XXII (Jan. 23, 1950), p.116.

〔16〕麥帥在聯合國安理會做出27日建議的前一天，早就已經聲明應以武器援助韓國。據 *New York Times,* International Edition Supplement, July 2, 1950, p.1, col. 2報導，這是按照華盛頓的命令所做的聲明。

台灣在戰略上的價值爲全世界所公認[17]，加以美國國內又有人強烈批評美國政府的對華政策[18]，因此筆者認爲美國出手防衛台灣也只是時間上的問題，韓戰的爆發似乎只不過是提供改變政策的一個契機而已。也就是說，韓戰的爆發是美國採取「台灣中立化」政策的原因之一，但非唯一的原因。站在這種觀點來看，台灣對韓戰保持「中立」，與其說是「台灣中立化」政策之目的，不如說是藉以凍結台灣海峽情勢的一個手段。如果說對韓戰保持「中立」是「台灣中立化」政策之目的，則對於美國何以在台灣採取這種政策的理由，假使只以「受到北韓侵略」（「台灣中立化」聲明）來說明，這顯然是不夠的。蓋「侵略」行爲是在朝鮮發生，此舉對台灣不見得會有密切的關係。

再者，如果像杜魯門所說，「北韓的攻擊是共產主義的武裝侵略」（「台灣中立化」聲明），因此才要防衛台灣，那麼爲什麼美國不積極援助一直和共產黨對抗的國府，以使其和中共作戰，卻反而阻止其反攻大陸呢？

對於台灣的地位，杜魯門在「台灣中立化」聲明中說：「（其）未來地位的決定」，要等到「太平洋恢復安全、完成對日和約的締結或聯合國的考慮」之後，再做決定。這和〈一五聲明〉中所說：「（關於）把台灣歸還中國的問題……美國承認中國在該島行使主權」的見解，大不相同[19]。

---

[17]Courtney Whitney, *MacArthur—His Rendzuous with History* (N.Y.: Alfred A. Knopf, 1956), p.369.

[18]共和黨猛烈批評〈一五聲明〉，其內容散見於本論文中。

　　韓戰是造成上述政策改變的一個契機，而要確定美國政策變化之原因，則非研究「台灣中立化」政策決定的過程不可。爲此，我們應弄清楚〈一五聲明〉的背景。

〈一五聲明〉的背景

　　第二次世界大戰結束以後，美國很想把以國府爲象徵的中國培養成遠東的安定勢力。美國期望出現對美國忠誠的民主中國，也希望中國對美國以往的援助和保護表示感謝，並在戰後能成爲美國強有力的友人與在遠東足以信賴的眞正盟邦[20]。

　　美國爲了促其實現，自日本投降之日起至1949年止，一共援助國府20億美元[21]。

　　如所周知，以此方法仍無法挽回國府的頹勢，中共終於把國府趕出中國大陸而建立中華人民共和國。美國杜魯門總統相信，國府失敗的原因並非美援不夠，而是在於國府本身腐化，以致失去人民的支持[22]。

　　美國國務院在1949年8月發表《對華政策白皮書》，揭露國

---

〔19〕關於這個問題，入江啓四郎有不同的見解。

〔20〕U.S. Department of State, *United States Relations with China, 1944~1949* (State Dept. Publication 3573, 1949), p.133.

　　See also, John W. Spanier, *op. cit., Controversy*, p.44.

〔21〕*Op. cit., United States Relations with China*, pp.1042~43.

　　美援總額爲20.077億美元，其中貸款4.11億美元，贈與15.967億美元。

府的腐敗情形。因此當是年12月國府把首都遷到台北時，美國對國府根本不再存有絲毫幻想。

也有人主張不要對國府抱有希望，而應由新的角度來講求未來中國之出路，那就是把中國的希望寄託在「既了解中國本身，又了解西方的人們」之上[23]。此即是由在香港的中國自由主義份子組成強大的第三勢力，在不靠國民黨的情況下來打倒中共。部分人士對台灣也抱有同樣的期待[24]。

然而國府在台灣的統治形勢已鞏固下來。蔣介石自1949年1月「下野」時起，為了要以台灣為其最後的基地，已在台灣培養軍隊[25]。同時他也任命其左右手陳誠將軍為台灣省主席，指派長子蔣經國為國民黨台灣省黨部主委，並鎮壓異議人士以圖鞏固政權[26]。

至於包括亡命香港者在內的第三勢力，其力量則甚為薄弱，根本「不具有足以把他們對蔣介石的反對化為積極行動的力量」，也「無和中共做政治交易的力量」[27]。

---

[22]Harry S. Truman, *Memoirs by Harry S. Truman,* Vol. II. *Years of Trial and Hope* (New York: Doubleday & Co., 1956), pp.61～3.

[23]"Henry Wallace Report on China," *New York Times,* Late City Edition, Jan. 19, 1950, p.3, cols. 2～4.

[24]Fred W. Riggs, *Formosa: Under Chinese Nationalist Rule* (N.Y.: Macmillan Co., 1952), pp.7～8.

[25]*New York Times,* International Edition Supplement, Dec. 11, 1949, p. 2, col. 4.

[26]詳見《台灣青年》雙月刊第10號，《中國難民問題特集》，東京，台灣青年社，1961年9月，14頁。

在這種絕望的狀態下，也有人主張由聯合國託管台灣，或由台灣住民投票自決[28]。這些主張都是基於以下觀點：「如果美國採取錯誤的政策，企圖在台灣包庇由中國大陸逃台的亡命政權，則台灣無法成為美國確實可靠的基地。」[29]

於是，美國政府在台灣小規模地支援以台灣人為中心的活動。例如，在國府轉移到台北的前後，在美國駐華代理公使Robert C. Strong的支持下，有人暗中推動台灣高度自治運動。據說有十幾位台灣人領袖參與此項運動，但最後卻因其中之一的蔣渭川反對而作罷[30]。

美國在台的此項活動，也見之於曾在1949年底抵台訪問的美國參議員Alexander Smith在參議院的發言：

Smith：「*我希望讓亞洲的小國知道，美國對他們所高唱的民族主義很感興趣。*」

參議員Homer Ferguson：「（Smith）參議員！您能肯定

──────────────

[27]Owen Lattimore, *The Situation in Asia* (Boston: Little, Brown & Co., 1949), p.153.

[28]Riggs, *op. cit., Formosa*, p.8.

[29]O. Lattmore, *op. cit., Asia*, p.47.

[30]卜幼夫〈蔣渭川寶刀未老〉，《新聞天地》週刊第10卷第46號，香港，中華民國49年（1960）11月12日，26頁。
這是國府系統的刊物，據其說法是美國政府煽動台灣人。又，代理公使名叫「師樞安」。據U.S. Dept. of State, *Foreign Service List* (State Dept. Publication 3792, Apr. 1, 1950), p.11的名錄，此一時期的代理公使是Robert C. Strong，似無誤。參與此項活動的美國人有大使館二等秘書「金希聖」（真實姓名未詳）及海軍武官「賈瑞德」（可能是Lt. Col. John T. L. D. Gabert）等人。

在東亞及台灣所取得的情報是說，台灣人知道真有美國
人在台灣島上煽動革命嗎？」

Smith：「我聽說在很多方面都有那樣的說法，但是我
沒有充分的證據足以確信有那回事。聽說在台灣有幾個
美國人鼓勵部分台灣人發動反國府的革命。」[31]

在當時，台灣人對國府普遍不滿，再加上又有將近150萬的
中國大陸難民進入台灣，使得台灣處於不安的狀態。然而由於
1947年2月28日的反國府暴動[32]，台灣人有近2萬人被屠殺，因
此在極端恐怖的氣氛下，恐難再有大暴動的發生。

二二八事件似乎使美國認清台灣人無法和國府合作，而美國
國務院在1949年8月發表的《對華政策白皮書》中，也以13頁的
篇幅分析二二八事件[33]。美國政府深知台灣人被摒除於重要公
職之外的不合理現象，以及因此所引起的台灣人對國府的不滿；
並看出台灣人希望美國保護和由聯合國託管的跡象[34]。

但是美國政府在1949年底支持台灣人時卻犯了致命的錯誤，
那就是美國政府沒有好好將其意向告知台灣民眾，反而去鼓動少
數的台灣人領袖。而且美國政府所選的這些人，不是受到國府監

---

[31]*Congressional Record,* Vol. 96, part 1, 81st Congress, 2nd Session, Jan. 3, 1950～Feb. 2, 1950 (Washington: Government Printing Office, 1950), p.163.

[32]關於二二八事件，《台灣青年》雙月刊第6號，《二二八特集》有精彩的分析。

[33]U.S. Department of State, *op. cit., Relations with China,* pp.926～938.

[34]*Ibid.,* pp.308～309.

視，就是有意和國府合作，如硬要將他們湊在一起，這樣的行動
終使事情毫無結果。

另一方面，我們再來看杜魯門政府對中共的態度。

當中國共產主義革命進入最終階段時，美國輿論界將其視爲
蘇聯所製造的國際共產主義革命，因此和蘇聯共產主義一樣，故
認爲對中共應採取斷然排斥的態度[35]。可是，二次大戰戰後初
期，即韓戰爆發以前的時期，杜魯門政府對中共的態度卻很微
妙，而且其態度的決定過程更加複雜。

杜魯門在其回憶錄(1956年)中否認自己曾把中共視爲土地改
革者(agrarian reformer)[36]，他之所以派遣馬歇爾(George C.
Marshall)將軍到中國，只是想促成國共組織聯合政府。由此可
見，杜魯門並沒有把中共單純地看作是蘇聯的傀儡，而是期待中
共會採取友善的態度。

美國曾擔心中共會投入蘇聯的懷抱，可是當1948年6月南斯
拉夫共產黨被共產黨情報局(Cominform)除名而使其脫離蘇聯勢
力範圍之後，狄托(Joseph Broz Tito)表示：共產國家不一定要
留在蘇聯的卵翼之下。所以，美國國內有部分人士也期待毛澤東
能步上狄托的後塵。特別是1949年10月時，大部分的遠東問題專
家，例如著名的中國問題權威費正清(John King Fairbank)等，
相信毛澤東確有狄托化的可能，並還曾向美國國務院提出這種建

---

〔35〕C.P. Fitzgerald, "The Chinese Revolution and West," *Pacific Affairs*,
　　　Mar. 1951, p.3.

〔36〕H. S. Truman, *op. cit.*, *Memoirs*, p.90.

議呢[37]。

杜魯門政府對中共的政策,在戰後初期可以說較富於彈性,這一點可舉杜魯門政府對中華人民共和國之聯合國代表權問題所採取的態度爲例。

中華人民共和國的代表權問題由蘇聯駐聯合國代表馬立克(Yakov A. Malik)向聯合國安全理事會提出,但在1950年1月13日因未能獲得必要的贊成票數,所以中華人民共和國無法取得聯合國的中國代表權。

這時美國所持的態度是反對中共取代國府而成爲中國的代表,但對於聯合國是否接受中共加入,則願意接受安理會多數的意見[38]。亦即,美國無意使用否決權,並認爲代表權問題是程序事項。

當時安理會的11個理事國之中,蘇聯、英國、印度、南斯拉夫、挪威5國已承認中共,而且法國和埃及也有可能承認中共[39]。

承認中共的國家並不一定贊成承認中共在聯合國的代表權,

---

[37]J. Spanier, *op. cit., Controversy,* p.51.

費正清認爲美國應承認中共,如果美國排斥中共,則正中蘇聯的下懷。

John King Fairbank 的發言見於 "Should we recognize the Chinese Communist government?" *Town Meeting,* Bulletin of America's Town meeting of the Air, Vol. 15, no. 32 (New York: The Town Hall Inc., Dec. 6, 1949), p.10.

[38]Trygve Lie, *In the Cause of Peace* (New York: Macmillan Co., 1954), p.252.

因此美國還有獲勝的可能。事實上，蘇聯的提案是以3票贊成，6票反對，2票棄權而未通過。可是，筆者認爲美國並非純粹因爲有把握才會提出中國代表權問題屬於程序事項的見解，因爲安理會理事國之中已有很多國家承認中共，這表示代表權問題的解決經常有可能朝有利於中共的方向發展。

由於蘇聯的提案未獲通過，於是蘇聯乃杯葛聯合國，這是聯合國的一項危機。聯合國李秘書長(Trygve Lie)乃奔走於各國之間，並打算以承認中共代表權的方式來克服危機，而這時美國也表明不會動用否決權[40]。

由此可知，杜魯門政府對中共的政策是具有彈性的。杜魯門政府對中共的態度是雖不援助，但也沒有明確的敵意。當時的助理國務卿魯斯克(Dean Rusk)說明美國對中共的看法是：

「中國的共產主義革命本質上和蘇聯不同，並非以獨裁

爲目的……(因此)美國不願凍結遠東的局勢。」[41]

這樣的中共觀，就是杜魯門政府對中共政策的基礎，所以極富有彈性。

杜魯門政府企圖使包括中共在內的中國人能對蘇聯同仇敵愾，以便促使中共狄托化。這一點，可以從國府在聯合國指控蘇聯時，美國所採取的態度及其動機中推測出來。

1949年9月26日，國府代表在聯合國提出「由於蘇聯違反聯

〔39〕*Ibid.*, p.259; 266.

〔40〕*Ibid.*

〔41〕*The Times,* London, Weekly Edition, Jan. 18, 1950, p.1, col. 3.

合國憲章，致使中國的政治獨立、領土完整及遠東和平受到威脅」之議案。對此提案，美國不但予以支持，而且比國府更猛烈地譴責蘇聯侵略中國，尤其是對中國東北及西北的侵略。而其結果是，12月8日的聯合國大會第273次會議通過了「遵守中國政治獨立及領土完整」的決議案[42]。

至於台灣的歸屬問題，美國政府則仍拘泥於：「開羅宣言中，已表明了台灣應歸還中國的意向(intention)。」(《對華政策白皮書》，307頁)

艾奇遜主張，當美國在宣傳上採取強調「蘇聯分裂、兼併中國領土」的戰術時，「如果美國(在台灣)做出愚昧的冒險，就可能會扭曲中國人對蘇聯正日益高漲的必然憤恨之情」，因此「美國仍應堅持前此所採取的立場，亦即破壞中國統一者即爲中國之敵」[43]。可以說，美國國務院認爲，美國既然表明台灣應歸還中國的意向，就應秉持台灣爲中國領土的說法來界定台灣的歸屬，而且更企圖以台灣做爲引誘中共狄托化的工具。

還有，美國國務院認爲不援助國府之舉，在美蘇冷戰局勢中是有作用的。因爲如果美國保住台灣，則可能失去印度的尼赫魯和美國在東南亞的潛在盟友。因此，對於台灣問題，不僅需要戰略上的考慮，而且也應從政治上考慮。不只是考慮到中國，還應考慮到整個東南亞。在此時期，若以軍事行動支持蔣介石，將會

---

〔42〕United Nations, *Year Book of United Nations, 1948~1949*, pp.294~298.

〔43〕U.S. Department of State, *Bulletin*, Vol. XXII (Jan. 23, 1950), p.115.

使他們認為美國是採取以往的帝國主義政策，而使印度、印尼及其他新興勢力糾合在一起，其結果將使美國不得不退出台灣或者訴諸戰爭[44]。

就這樣，杜魯門政府於國府因腐敗而退出大陸後，在沒有足以取而代之的民主勢力存在的情況下，又考慮到東南亞各國的想法，乃決定採取靜觀中共出手以待塵埃落定的政策。有關台灣問題在外交及政治上的這些微妙之處，筆者相信當初杜魯門政府是不願對外公開表明的。

1949年12月23日，國務院向美國駐外使節及美軍對外交涉人員發出〈台灣政策情報〉(*Policy Information Paper—Formosa*)的指示，規定有關針對台灣問題發言時應遵守的事項，其中仍沿用美國不防衛台灣的方針[45]。

該項指示被當做密件，甚至連參院外交委員會的共和黨議員諾蘭(William Knowland)想要一份複印本也不可得[46]。這表示〈一五聲明〉是在不得已的情況下所發表，而非杜魯門政府積極想公佈的。

1950年1月2日，諾蘭參議員把前總統胡佛(Herbert Hoover)的信件公開了，在信中胡佛批評杜魯門政府對國府的政策，並主

---

〔44〕James Reston, "China question becomes a central issue for U.S.," *New York Times,* Jan. 1, 1950, p.3, col. 5.

〔45〕*Op. cit., Military Situation in the Far East,* Hearings, part 1, pp. 1667~1669.

〔46〕William Knowland的發言，見於*Congressional Record,* Vol. 96, part 1, p.86.

張美國為了防守台灣、澎湖島及海南島，在必要時應動用美國海軍，而且也不應承認中共而應繼續承認並支持國府[47]。這種意見立刻得到塔虎脫參議員（Robert Taft）的支持[48]。

由於閉會中的國會在1月3日重新召開時，預料有部分議員會再次批評美國政府的對華政策，並要求政府給予國府新的援助以使國府能保住台灣，因此杜魯門政府有必要表明其對華政策以便取得國會的支持[49]。就在這種不得已的情況下，杜魯門總統於1月5日發表了美國的對華政策和台灣政策。

由上述可知，〈一五聲明〉的背景是美國外交政策上的考慮，而發表聲明的直接動機則是出自美國國內政治上的需要。但也有人持不同的看法。

這些人的意見是：要防衛台灣，就必須出動美軍。然而第二次世界大戰結束後，美國很快而且沒有秩序地讓軍人復員，這種現象造成僅靠少數陸上部隊在台灣，恐將無法維持情勢[50]。

艾奇遜後來在參院聽證會上雖然強調這一點[51]，但這並沒有反映事實真相。實際上，當韓戰爆發、美國要防衛台灣時，仍未能派遣陸上部隊來台。

---

〔47〕*Ibid.*, p.83.

〔48〕Joseph Ballentin, *Formosa—A Problem of United States Foreign Policy* (Washington: Brookings Institution, 1952), p.119.

〔49〕James Reston, *loc. cit.*

〔50〕Daniel S. Cheever & H. Field Haviland, Jr., *American Foreign Policy and the Seperation of Powers* (Cambridge: Harvard Univ. Press, 1952), p.158.

〔51〕*Op. cit., Military Situation,* Hearings, p.1672; 1763.

至於軍事顧問團，直到1951年8月爲止，才派遣600人左右而已[52]，這是因爲美國要防衛台灣時，僅需出動第七艦隊就夠了，而且艦隊又不必由美國本土派遣。其實，在韓戰爆發以前，第七艦隊就已出現於遠東洋面[53]。

美軍在二次大戰結束時有1,160萬人，但1949年時已減爲160萬人[54]。然而要防衛台灣，並不需要太多美軍。因此，認爲不防衛台灣的「一五聲明」是源於美國陸上部隊不夠的說法，是不正確的。筆者認爲毋寧是這樣的：美國之所以採取等待台灣的情勢塵埃落定之政策，其背景是美國已看出在不久的將來，台灣不會被中共征服。

日軍在1940年代前半的太平洋戰爭期間，在台灣的台北、新竹、台南、嘉義、岡山、屏東等地修建了很多機場，此外又有基隆、左營等優良軍港，再加上其他要塞，台灣所擁有的客觀防衛力量可予以很高的評價。這些設施在戰爭末期雖曾遭到轟炸，但因逃過地面戰爭，故仍具有充分的防衛能力。

國府早在1948年11月就把上海江灣機場的設備搬到台灣，以擴充力量，軍港設備也自1949年初起快速地興建[55]。

1948年援華法案（China Aid Act）項下1.25億美元的武器，

〔52〕Fred. W. Riggs, *op. cit., Formosa,* p.26；數字是國務院所發表的。

〔53〕H. S. Truman, *op. cit., Memoirs,* p.334.

〔54〕*New York Times,* International Edition Supplement, July 9, 1950, p.1, col. 5.

〔55〕莊嘉農《憤怒的台灣》，香港智源書局，1949年，170～173頁。

有一大半應國府的要求而送到台灣。此外，美國政府也應該知道，國府在退往台灣時，把很多武器搬到台灣，其中包括200架飛機[56]。據1951年6月麥帥在美國國會作證時指出，1950年8月時國府軍隊有50萬人左右[57]，而實際上能作戰的則僅有20萬到30萬人之譜[58]。

美軍在硫磺島作戰時，面對2萬3千名日軍，當時美軍除了有強大艦隊的支援外，還投入6萬人之多[59]。台灣是麥帥認為恐有「流血過多」之虞而放棄登陸的要塞之島[60]，當時如果中共要攻打台灣，起碼得用上40萬的兵力。而要運輸40萬的軍隊，則又須有相當的海軍力量及空軍的掩護。然而「國府有海空軍，中共則二者均無」[61]。蓋1949年底時，中共幾乎沒有海軍可言，而且「直到1950年9月才開始有組成艦隊的計畫」[62]。

---

〔56〕*Op. cit., Military Situation,* Hearings, p.1930.

1949年底，已知國府自行運入台灣的武器如下：

30毫米口徑步鎗：12萬3千支

38毫米口徑砲彈：1,900萬枚

英製薛曼型坦克車：30輛

輕型坦克車：100輛

AR–6型飛機：200架

〔57〕*Ibid.,* p.23.

〔58〕F. Riggs, *op. cit., Formosa,* p.17.

〔59〕林三郎《太平洋戰爭陸戰概史》，岩波書店，1951年，224、226頁。

〔60〕伊藤正德〈帝國陸軍の最後〉，第38回，《產經新聞》，1960年9月9日。

〔61〕Tillman Durdin, "Formosa is now the focus of the struggle in China," *New York Times,* International Edition Supplement, Dec. 11, 1949, p.5, col. 5.

　　美國政府諒也透過1949年10月中共登陸金門之戰而知悉中共的渡海作戰能力。金門和中國大陸近在咫尺，中共軍隊若要在金門登陸並補給登陸部隊，並不需要太大的海軍力量；而要切斷防守金門的國府軍隊補給線，雖須有海軍，但中共在地理上還是居於有利的地位，可是中共最後還是失敗了。在大陸作戰時以破竹之勢連戰皆捷的中共軍隊竟在僅有一水之隔的金門吃敗仗，揆其原因，除了中共海軍太弱外，實在找不出其他因素。連金門都無法攻克的中共軍隊，要說能攻下台灣，這在軍事上是難以想像的。

　　當時中共若有此種能耐，則只有一條路可走，亦即在台灣進行滲透活動以促使其內部崩潰。可是中共的地下工作人員卻在1949年大整肅時，被消滅了一大半。在這種情況下，美國政府當不致於預料台灣會陷落。筆者之所以認為杜魯門「一五聲明」的背景，可能是出自於美國推測台灣暫時不會被中共征服，而決定採取等待塵埃落定的靜觀政策，可以說就是以此觀察做根據的。

〈一五聲明〉後的困擾

　　由於〈一五聲明〉事先沒有和共和黨磋商，因此遭到共和黨的指責。發表聲明的1月5日，諾蘭在美國參議院抨擊政府，並表

---

〔62〕〈中國海軍的成長過程及其實力——資料〉，《東方半月刊》，1960年11月16日號，東京，東方通信社，41頁。

示共和黨迄今「未曾受邀進行超黨派的會商」[63]。對於杜魯門政府在歐洲推行馬歇爾計畫並給予大量援助，在亞洲反而不支持國府且不願防衛台灣，共和黨重量級議員塔虎脫認為此舉「和當今美國在世界各地所實施的政策互相矛盾」[64]，故對美國政府的政策不表贊同。杜魯門政府在中國採取不干涉主義，在歐洲則推行積極政策；至於共和黨通常主張對歐洲採取孤立主義，對中國則採取干涉主義[65]，兩者立場正好相反。

共和黨和杜魯門政府之間的歧異，首先可舉雙方對國府的見解不同為例。很多共和黨有力人士並不像杜魯門和艾奇遜那樣抨擊國府，因為這些人士認為國府在中國大陸失敗的原因是由於美國的援助不夠徹底，而不見得是因為國府的腐敗所致[66]。

這批人士也被稱為所謂的「中國遊說團」(China Lobby)，正如民主黨參議員麥克馬洪(Brien MacMahon)所指出的，他們「努力想把美國和蔣介石拉攏在一起」。這股力量以和中國有利害關係的貿易商人柯爾伯格(Alfred Koulberg)為核心，包含有一般市民及出版商，而以參院的諾蘭及眾院的賈德(Walter Judd)

---

〔63〕Knowland, *op. cit., Congressional Record*, Vol. 96, part 1, p.88.

〔64〕Taft, *ibid.*, p.89.

〔65〕Foster Rhea Dulles, *America's Rise to World Power, 1898~1954*(New York: Harper & Brothers, 1955), p.146.

〔66〕Stanley K. Hornback, "The United States and China," *Readings in American Foreign Policy*, (eds.) Robert A. Goldwin, Ralph Lener, and Gerald Strourzh (New York: Oxford Univ. Press, 1959), pp. 298~307.
這篇論文對國府的評價和杜魯門政府大不相同。

等共和黨國會議員為骨幹，是一個不可忽視的存在。在該團體幕後，還有一些潛在的支持人士，包括塔虎脫及道格拉斯(Paul Douglas)等參院的重要成員[67]。

共和黨內部對美國外交政策的意見，有超黨派主義和孤立主義兩者之不同[68]。但是超黨派主義者主張美國的外交政策應採納共和黨的意見，而孤立主義者則主張應對中國進行干涉，因此對援助國府一事，可以說兩者意見相近。在此情況下，杜魯門不可能無視於「中國遊說團」和與其關係密切的共和黨力量而逕自推動對華政策。

二次大戰以後，蘇聯在歐洲的勢力快速擴張，在短短不到兩年的時間就將波蘭、匈牙利、羅馬尼亞、保加利亞、南斯拉夫、阿爾巴尼亞和捷克納入共產主義的勢力範圍，這使美國不得不為之驚慌失措。於是杜魯門政府乃採用圍堵政策(containment policy)，努力推動歐洲復興計畫並成立北大西洋公約組織(NATO)。為了推動這些政策，就「必須獲得共和黨的贊成票」。[69]

在歐洲政策方面要求共和黨合作，但在對華政策方面則無視於共和黨的作法，自1950年起就愈來愈行不通了，1950年1月19日的援韓法案就是最好的例子。這反映出，如果杜魯門的政策遭

---

〔67〕*Time,* Pacific Editon (July 16, 1951), p.13.

〔68〕*New York Times,* International Edition Supplement, Jan. 1, 1950, p.1, col. 4.

〔69〕R. H. Rovere & A. M. Schlesinger, Jr., *The General and the President* (New York: Farrar Straus, 1951), p.128.

到共和黨的抵制，則其歐洲政策也將很難順利推行。

　　杜魯門要求眾議院以六千萬美元經援韓國，可是被眾院否決。居多數的民主黨內有部分議員認為經援韓國是浪費之舉，固然是該案遭到否決的原因之一，但即使連主張在遠東應採取干涉主義的共和黨也反對該案[70]。共和黨的重量級議員雖然強調有援韓的必要[71]，可是由於他們對杜魯門的中國政策心懷不滿而感到不快，因此就反對援韓案[72]。

　　對援韓案投下反對票的共和黨籍眾議員賈德在眾院的發言，可以說正代表共和黨的這種心情。他說：

　　「我個人是想贊成援韓案，然而，由於國務卿曾說台灣在美國防衛線之外，那麼朝鮮也應在防衛線外才對。如果艾奇遜那種即使不包含台灣也無所謂的說法是正確的，那麼艾奇遜本人也應該反對援韓案才對。」

　　「因為國務卿在亞洲其他地區推行一文不值的政策，所以我也只是仿傚他那不甚高明的先例(而反對援韓)，這是無可厚非的。」[73]

　　以共和黨為主的「中國遊說團」，他們所要求的是支持國府。援韓案終於和2,800萬美元的國府援助案一起在眾院通過[74]。

---

[70]*Congressional Record,* Vol. 96, part 1, pp.631～657.
　　援韓案以一票之差而未通過。共和黨議員有6/7，民主黨議員有1/4反對該案。

[71]Knowland, *ibid.,* p.82.

[72]*New York Times,* Late City Edition, Jan. 20, 1950, p.1, col. 4～5.

[73]Judd, *op. cit., Congressional Record,* Vol. 96, part 1, p.651.

如此一來，杜魯門政府若欲推動其外交政策，即被要求以支持國府爲代價。

當時歐洲正在復甦之中[75]，萬一有關援歐的法案也像援韓案一樣，只因共和黨的憎厭就無法順利過關的話，那麼杜魯門政府必將更加陷入困境。從這一點來看，杜魯門政府就必須對共和黨讓步。

戰後美國國會一面依靠本身的情報來源，另一面則靠不同意總統及國務院做法之政府內部官員所提供的情報來源，自行判斷政策的是非[76]。如此一來，很可能因此在有關支持國府的問題上造成美國政府和國會的意見相左；基本上，這也是戰後美國超黨派外交型態的一種現象。

戰後美國外交的超黨派主義(non-partisan)肇始於二次大戰末期，當時共和黨的總統候選人紐約州長杜威(Thomas E. Dewey)由杜勒斯(John Foster Dulles)代理，在華盛頓和國務卿赫爾(Cordell Hall)就聯合國組織草案一事進行協商[77]。可是，戰

---

〔74〕*New York Times,* Late City Edition, Jan. 25, 1950, p.1, col. 2～3; p.3, col. 4.

H. Bradford Westerfield, *Foreign Policy and Party Politics: Pearl Harbor to Korea* (New Haven: Yale Univ. Press, 2nd Printing, 1958), pp. 366～367.

Westerfield也認爲援韓案是美國對華政策的一個轉機。杜魯門政府已不能因執政的民主黨在國會中佔多數就可以繼續忽視共和黨了。

〔75〕James Reston, "China question becomes a central issue for U.S.," *New York Times,* International Edition Supplement, Jan. 1, 1950, p.3, col. 3.

〔76〕Cheever & Haviland, *op. cit.,* p.152.

後除聯合國的組織及反蘇的基本政策以外，其他外交問題並非經常以超黨派的方式來進行，有些政策自然也就未以超黨派方式來決定。因此，有關超黨派外交的範圍經常在變動中。

杜魯門總統就任之初，超黨派外交尚未適用於拉丁美洲，但在1947年簽訂美洲各國間的里約條約時已經予以適用；關於對德軍事統治的問題，並未適用，而發生柏林封鎖危機時，卻適用於空運政策的決定。當然，超黨派外交並沒有適用於中國。援助落後國家的「第四點」(Point Four)計畫，也不是由超黨派的行動開始，而是杜魯門卓越的政治手腕所促成的。1947年的希臘、土耳其援助案、歐洲復興計畫、1948～49年的北大西洋公約則都是以超黨派方式推動的。一般而言，在1948年杜魯門的第二任任期開始以前，較諸往後時期有更多的超黨派一致意見[78]。

1948年以後，美國的超黨派外交可以說是退步了。國會只依靠自己的情報來源，而關於對華政策的制訂，「在決策過程中，根本未做超黨派、充分的討論。」[79]

1950年時，共和黨在參院所佔的席位是42，而民主黨是54；在眾院，民主黨佔262席，共和黨是169席。民主黨在參眾兩院都佔多

---

〔77〕John Foster Dulles, *War or Peace* (New York: Macmillan Co., 1950), p.123.

〔78〕Louis W. Koenig, (ed.), *The Truman Administration: Its principles and Practive* (New York Univ. Press, 1956), pp.289～290.

〔79〕Arthur H. Vandenberg, Jr., with the Collaboration of Joe Alex Moris, (ed.), *The Private Paper of Senator Vandenberg* (Boston: Houghton Mifflin Co., 1952), p.519.

多數，但在參院僅多12席。而且衆所周知，美國國會對特定問題進行投票時，政黨的分際常常模糊不清。就民主黨來說，南部選出的參議員有20人以上，衆議員則有100人，他們雖然支持政府的外交政策，但是卻反對其國內政策"fair-deal"[80]。因此之故，杜魯門政府不僅在外交政策方面，就是在國內政策方面也需要共和黨的支持。在這一點上，共和黨可以說掌握了國會的主導權。

如此一來，杜魯門政府面臨民主黨雖主控白宮，但共和黨卻掌握國會主導權的困難局面。結果，當「共和黨對歐洲重建計畫的支持，同時包含要求對國府提供軍用物資及訓練軍隊等援助計畫」[81]時，杜魯門政府就必須跟共和黨妥協了。

杜魯門政府所面臨的另一難題是行政機關內部的對立。國務院和聯合參謀本部認爲援助國府毫無益處可言，而且可能引起美國與印度及遠東地區人民感情的交惡，可是其他機構的看法卻剛好與此相反。唱反調的人是以一般美國國民對國府的同情心很強爲前提，認爲如果政府不援助國府，則政府對其他地區，尤其是對歐政策將很難得到支持[82]。這種政府內部意見的對立，對國會，特別是共和黨所提出的要求，似乎有如虎添翼的作用。

本來，承不承認外國政府是屬於行政機關的權限，而且近百

---

〔80〕*New York Times,* International Edition Supplement, Jan. 1, 1950, p.1, col. 4.

〔81〕Cheever & Haviland, Jr., *op. cit., Seperation of Powers,* pp.156〜157.

〔82〕*New York Times,* International Edition Supplement, Jan. 1, 1950, p.1, col. 2.

年來有關政府承認的問題，美國政府也未曾受過國會掣肘，同時也未徵求過其同意。儘管如此，艾奇遜之所以要表明對中共的承認一定要經過國會同意[83]，這正反映出當時美國所處的時空環境，以及隨之而生的錯綜複雜的國際政策和國內政治帶給杜魯門政府的苦惱。

在研究美國對華政策的發展過程時，我們應指出一個重要的因素，即1950年以後反共意識的高漲。中共的反美活動，自1949年起已直接危及在華的美國人。例如中共逮捕美國駐瀋陽總領事華德(Angus Ward)和副領事史托克斯(William Storks)、毆打駐上海副領事奧立佛(William Olive)，不管有什麼理由，這些事件都增加美國民眾對中共的反感。

而自1949年後半起，報紙上一連串有關原子能總署間諜案、希斯(Alger Hiss)案，以及甚至連聯合國美籍職員裡也有共黨份子等等的報導，這對提高美國國民的反共意識自有其作用。

不過到1949年年底為止，這種反共意識和對中共的反感尚未直接連結起來。根據1949年11月所舉行有關承認中共問題的蓋洛普(George Gallup)民意測驗顯示，反對承認中共者佔42%，贊成者佔21%[84]。較諸美國承認蘇聯政府一等就是16年[85]，對剛成立不到兩個月的中華人民共和國政府之承認問題，贊成者已達反對者的半數，這表示美國人對中共的惡感並不很強烈。

---

[83]Cheever & Haviland, Jr., *op. cit., Seperation of Powers*, p.11.
[84]《朝日新聞》，1949年11月30日，7版1頁，蓋洛普調查。
[85]蘇聯政府成立於1917年，但美國一直到1933年才予以承認。

　　可是1949年以後中共的反美活動，卻激起本來就對共產主義不妥協的美國國民之反共意識。再加上這點又被野心政客巧妙地加以煽動利用，自然使之更爲加強。這可由麥卡錫（Joseph R. McCarthy）快速嶄露頭角而窺知一二。

　　麥卡錫是威斯康辛州選出的參議院議員，一向籍籍無名，1950年2月，他在西維吉尼亞州的Wheeling做煽動性的演講，指稱國務院裡有共產主義份子[86]，因而聲名大譟。

　　麥卡錫攻擊他人時，不選擇對象。不僅艾奇遜，甚至連杜魯門總統也曾被他攻擊爲對共黨份子採取姑息，等於是共黨的同路人[87]。這使杜魯門大嘆苦經道：「爲了清查共黨份子……，使任何人都難免受到人身攻擊。」[88]麥卡錫又和柯爾伯格（Koulberg）等「中國遊說團」成員相勾結，使其勢力成長到杜魯門政府若不考慮麥卡錫及其派系，就會動彈不得的程度[89]。若把麥卡錫的出頭看做只靠他自己的能耐及其高明的煽動技術，那就錯了。因爲，「對很多美國國民來說，麥卡錫主義正是典型的美國至上主義啊！」[90]

　　麥卡錫在短期間內能發展成那麼大的勢力，可以說是美國國民傳統的反共意識通過麥卡錫而具體化。另一方面，麥卡錫主義

〔86〕Richard Rovere, *Senator Joe McCarthy* (London: Methuen & Co., 1959), p.11.

〔87〕*Ibid.*, p.16.

〔88〕Harry S. Truman, *Memoirs*, Vol. II, p.291.

〔89〕Richad Rovere, *op. cit., McCarthy*, p.10.

　　　See also, *Time*, Pacific Edition (July 16, 1951), p.13.

也提高了美國國民的反共意識。就在這樣的相互作用之中，美國國內的反共傾向也愈形顯著。

進入1950年以後，中共不僅沒有放鬆反對活動，而且進一步沒收美國駐北京領事館的財產。中共這種對美國不友善的舉動，再加上和「中國遊說團」直接掛鉤的麥卡錫主義推波助瀾，當然就使美國國民的反共目標由蘇聯這個唯一目標擴大為反蘇聯和反中共了。

防衛台灣的必然性

台灣存在的價值，於後來美國在聯合國杯葛中共時起了很重要的作用。亦即，利用在台灣成立政府的國府來代表中國，並以此做為佔有聯合國席位的政治戰略。不過自1949年至1950年之間，美國國內有關台灣問題的討論，其重點可以說是放在台灣的軍事價值而非聯合國的席位上。

因此要了解美國的台灣政策，就必須研究美國各方人士對台灣的客觀軍事價值如何做主觀的判斷。特別是在1949年12月國府播遷到台灣以後，美國的對華政策和台灣的防衛問題具有不可分割的關係，所以討論台灣的軍事價值就益形重要。

台灣是位於新加坡和遠東工業國日本中間臨太平洋的要衝，同時也是美軍在遠東重要基地沖繩和菲律賓之間的連接點。如果

---

〔90〕Richard Rovere, *op. cit., McCarthy*, p.12.

中共佔領台灣，則日本爲進行太平洋戰爭而建設的軍事基地就會
落入中共手中。

當台灣落入敵手時所導致的不利狀況，美國在第二次世界大
戰中已有深刻體驗。在日軍南侵時，台灣曾發揮很大的作用；
「由於台灣的地理位置而產生的軍事價值，舉世公認。」[91]

第二次世界大戰後期，美軍中太平洋戰區最高統帥尼米茲
(Admiral Chester W. Nimitz)曾計畫攻取台灣，並取名爲「鋪道
作戰計畫」(Operation Causeway)。此項作戰計畫雖受到聯合參
謀本部的注意，但因惟恐作戰造成流血過多，因此決定擱置，改
爲繞過台灣直搗沖繩[92]。該項作戰計畫並非僅止於短期的戰術
計畫，而是兼具長期性的目標，這可由當時以哥倫比亞大學做爲
研擬軍事統治台灣的研究中心一事看得出來。

美國軍方在研討佔領台灣及其善後的問題時，決定由海軍負
責佔領台灣並在台灣建立軍事統治機構，且在哥倫比亞大學裡訓
練運作軍事統治機構的人才。該軍事統治機構允許中國人以個人
的資格參加，但不得以中國政府的名義參與。至於個人參與的程
度，也須視佔領台灣時中國所扮演的角色而定[93]。

鑑於第二次世界大戰後期中國政府退處重慶，根本無暇把戰
力投入台灣[94]，所以中國人以個人資格參與台灣軍事統治機構

---

〔91〕Courtney Whitney, *MacArthur—His Rendezvous with History* (N.Y.:
Alfred A. Knopf, 1956), p.369.
〔92〕伊藤正德〈帝國陸軍の最後〉，第38回，《產經新聞》，1960年9月9日。
〔93〕Joseph W. Ballentin, *op. cit., Formosa*, p.55.

的可能性幾近於零，因此可以說美國有意單獨運作台灣的軍事統治機構。

其後因「鋪道作戰計畫」中止以及「成功佔領沖繩而改變設置台灣軍事統治機構的想法」[95]，所以美軍佔領台灣的構想也就半途而廢。「鋪道作戰計畫」及由此而來的台灣軍事統治機構的構想，其意義在於美國早就認清一旦台灣落入敵對或不友好國家之手時可能產生的不利。

艾奇遜在1951年6月美國參院舉行的聽證會上作證時表明，迄至1950年上半年，國務院對台政策的基礎是：台灣對美國來說，在戰略上有其重要性，因此美國要用佔領台灣和以台灣做為美國基地加以使用以外的方法來確保台灣，使之不落入敵手[96]。由艾奇遜的證詞可以推知，國務院也認識到台灣的軍事價值。但是儘管如此，國務院還是對外宣稱所謂「台灣的軍事價值沒有大到值得派遣美軍來甘冒和中共作戰之危險的程度」[97]這種消極的價值判斷。這樣的見解，很難說服在二次大戰中切身體會到台灣軍事價值的美國軍方。

不過在美國軍方內部，參謀首長聯合會議主席布萊德雷（Omar N. Bradley）就未積極主張進行軍事干預，他對台灣的評

〔94〕第二次世界大戰結束後，國府軍隊要佔領台灣時仍需美軍掩護。

U.S. Department of State, *op. cit., United States Relation with China*, pp.307～308.

〔95〕J. Ballentin, *op. cit., Formosa*, p.56.

〔96〕Acheson, *Military Situation in the Far East*, Hearings, p.1672; p.1762.

〔97〕*New York Times*, International Edition Supplement, Jan. 8, 1950.

價僅止於「台灣若落入不友好國家之手，才會有某種程度的價值」[98]。也就是說，他認為杜魯門既已發表〈一五聲明〉，那麼台灣終有一天會落入中共手中；一旦台灣被中共佔領時，才會對美國產生不利。

美軍駐遠東司令麥帥(Douglas MacArthur)對台灣軍事價值的評價更為突出。麥帥對中國問題及台灣問題並未正式發表過意見，但據美國合衆社(UP)東京分社主任郝爾布萊特的報導，麥帥對台灣的評價為：「台灣是戰略之島，如果台灣落入中共之手，則此一重要基地將會成為直搗由阿拉斯加經日本、沖繩至菲律賓的美國遠東防線之利劍。」[99]

郝爾布萊特的此項報導，在韓戰爆發後由麥帥寫給美國退伍軍人協會會長路易士(Clyde A. Lewis)的一封信中得到證實。麥帥在信中寫道：

> 「台灣一旦落入敵手時，正如一艘不沈的航空母艦或潛水艇，對於沖繩和菲律賓都具有攻擊及戰略上的優勢地位；反過來說，沖繩和菲律賓無論就防守或反攻而言，都會處於不利的地位。」[100]

美國國防部長強森(Louis Johnson)對台灣的評價，也傾向於麥帥的看法[101]。美國部分軍方人士曾試圖透過參議員將其意

---

〔98〕《朝日新聞》，昭和25年(1950)2月3日，7版1頁，Bradley訪日時答記
  者問。
〔99〕同上，昭和25年(1950)1月3日，6版1頁。
〔100〕Courtney Whitney, *op. cit., MacArthur*, pp.377～380.

見在國會中反映，而曾訪問遠東的參議員在國會討論台灣防衛問題時，亦常常引用麥帥的意見[102]。

　　麥帥等軍人雖然純以軍事觀點來討論台灣防衛問題，不過，在很多場合，由於此一問題常和支持國府的問題一起被討論，因而具有強烈的政治色彩。尤其是「中國遊說團」的論調，與其說是要防衛台灣，毋寧是想以台灣為墊腳石，以便將國府送回中國大陸的寶座。

　　「為了在太平洋建立圍堵共產主義的高牆……美國也應防衛台灣，以免其遭受中共的侵略。如此一來，起碼我們就可以繼續期望，有朝一日中國會重新踏上自由的坦途。」[103]這即是主張，為了等待國府將自由帶回中國之日的來臨，美國應該防衛台灣。

　　就這樣，美國軍方從台灣軍事價值的觀點主張美國應防衛台灣，而以「中國遊說團」為主的共和黨則要求支持國府。可是不論其目的為何，軍方和共和黨對於防衛台灣的必要性，雙方的認識是一致的。由於共和黨在國會具有重要的影響，因此他們就防衛台灣一事直接和軍方結合後所提出之訴求，更是強而有力。

　　另一方面，杜魯門政府對中共的看法也有了變化。當初杜魯門政府是採取等待塵埃落定的政策，而至1950年初為止，「還曾

[101]James Reston, "Debate over China shows seven mis-conceptions," *New York Times,* International Edition Supplement, Jan. 8, 1950, p. 1, col. 6.

[102]*Op. cit., Congressional Record,* Vol. 96, part 1, p. 83.

[103]Hoover's letter to Knowland, *ibid.,* p.83.

期待短期內中國會出現狄托主義。」[104]狄托是共黨國家領袖中率先向莫斯科造反者，而擁有六億五千萬人口的中國當然比人口僅一千六百萬的南斯拉夫更爲重要[105]。英國承認中共的目的之一，就是要保護英國在中國的五億美元投資[106]，如果中共狄托化，則美國將不會失去廣大的中國市場，而且就對蘇冷戰方面而言，也是政治上的一大戰果。

然而杜魯門政府的期望似無實現的可能。因爲，如果中共有狄托化的可能性，就應對在中共政權成立還不到三個月就予以承認的英國表示友好的態度才對，可是在英國承認中共以後，中共對英國的反應卻極爲冷淡[107]。對中共採取現實主義政策的英國所受到的待遇，正反映出中共對歐美各國，尤其是被中共認定曾侵犯過中國權益的國家，反感是如何的強烈。因此，即使中共有可能狄托化，但那也是在無法預料的未來，可是由於杜魯門政府當前已經採取了等待塵埃落定的政策，因而會在美國國內面臨極大的困境。

1950年2月14日簽訂的中蘇友好同盟援助條約表示中蘇關係

[104]Cheever & Haviland, Jr., *op. cit., Seperation of Powers*, p.145.

[105]Owen Lattimore, *op. cit., Asia*, p.163.

[106]*New York Times*, International Edition Supplement (Jan. 1950), p.1, col. 1.

[107]中共冷淡到什麼程度，由已成爲慣例的回答竟在4天後才發出就可想而知。不僅如此，中共在接受英國的承認時還在北京廣播電台說，英國帝國主義份子根本不隱瞞他們對中華人民共和國的敵意。見山〈英國承認中共的前因後果〉，《反攻半月刊》，第8期，台北，中華民國39年(1950)3月1日，193頁。

緊密，這使「共和黨對美國政府的攻擊更加猛烈」[108]。美國國民不但看不出圍堵政策有什麼效果，反而飽嚐在亞洲的慘敗，因此對政府抱有批評的態度。共和黨等於是民眾的代言人，他們對於政府的抨擊就是傳達民眾心中的不滿、憂心、疑慮和恐懼，故普遍受到人們的支持[109]。這種情況，無疑地為杜魯門政府帶來重大的壓力，因為11月美國有期中選舉，如果杜魯門政府不能對中國政策拿出辦法的話，執政的民主黨將會在不利的狀態下參選。如果共和黨把攻擊的炮火集中在對華政策上，並要求政府援助國府以爭取美國人民的支持，則杜魯門必須修正以往的對華政策做為競選對策。因此，杜魯門政府的台灣政策在「一五聲明」發表後，逐漸透過經濟援助的方式而有所改變。

對國府的軍事援助在「一五聲明」後即告停止了，一直要到韓戰爆發後才又恢復[110]。經濟援助則根據1948年的援華法案（China Aid Act of 1948），並依當年的經濟合作法案（Economic Cooperation Act of 1948，簡稱ECA）的規定支出。杜魯門在「一五聲明」中確認將繼續進行ECA援助，至於經援金額則因共和黨施加壓力而漸增，到1月底時早就追加到2,800萬美元了。

共和黨不但批評杜魯門政府的對華政策，更進而要求直接參

---

〔108〕H. C. Allen, *Great Britain and the United States: A History of Anglo-American Relations, 1783~1952* (London, Odhams Press Ltd., 1954), p.962.

〔109〕John W. Spanier, *op. cit., Controversy*, p.45.

〔110〕Joseph Ballentin, *op. cit., Formosa*, pp.139~140.

與決策工作。共和黨參眾兩院國會議員及全國委員會委員在1950年2月共同發表聲明，攻擊秘密外交，並主張政府應與國會兩黨協商，以便確立一致的外交政策[111]。

杜勒斯(John Foster Dulles)在4月間被任命爲國務院最高顧問，這可以說是杜魯門政府想以此來減弱共和黨對外交政策的攻訐，並企圖藉此恢復美國的超黨派外交。雖然杜勒斯被賦予有關締結對日和約的任務，而非有關對華政策的任務[112]，不過，任命杜勒斯仍具有重大意義。因爲眾所周知，杜勒斯是毫不妥協的反共派，他的反共思想在其1950年的著作《戰爭乎？和平乎？》中俯拾即是。主張「如果在野黨僅在名義上參與外交政策，將無任何意義」[113]的杜勒斯接受國務院最高顧問的任命，這表示在外交政策上，杜魯門政府將對共和黨的主張有所讓步。

然而，對國府的評價跟共和黨有極大不同的杜魯門政府即使跟共和黨妥協，其對華政策也仍有其底線。杜魯門政府積極援助國府以便使其能恢復在中國的寶座，這也不失爲一種可行之道。如此一來，共和黨就無法再攻訐政府。可是杜魯門政府深知國府腐敗無能，而且「知道如果援助國府反攻大陸，將會引起美國和中共的戰爭」[114]。更何況印度等幾個亞洲國家已承認中共，如果美國積極援助國府，則在冷戰過程中原需和這些國家保持和諧的關係，恐將因此亂了陣腳。亦即，杜魯門和艾奇遜所期望的中

[111]*New York Times,* Late City Edition, Feb. 7, 1950, p.20, col. 3~8.

[112]*Facts on File,* 1950, 180E.

[113]John Foster Dulles, *op. cit., War or Peace,* p.17.

共狄托化仍看不出跡象，但另一方面，在「一五聲明」以前杜魯門政府所面臨的困局卻依然存在。

正當杜魯門爲此困局而大傷腦筋時，中共卻一步步進逼台灣。由於中共攻打舟山群島和海南島兩地，使得國府軍隊在4月退出海南島，5月又退出舟山群島。這兩個地區都在大陸沿岸，因此中共攻佔這些地區並不表示中共海軍已有攻略台灣所需的力量，但中共的軍事力量顯然已比1949年10月攻打金門時增強了。

由美國國內的要求和中共戰鬥力量增強等各種跡象觀之，關於防衛台灣的問題，美國似乎非採取必要的措施不可了。

6月23日，杜勒斯在東京表示：「美國的外交政策，經常會考慮局勢的變化並不斷地加以檢討，此項一般原則也適用於台灣。」〔115〕這似乎暗示著美國對防衛台灣的政策即將變更。

由諾蘭、賈德的言論可以看出，「中國遊說團」主張支持國府，甚至還曾提出由美軍封鎖或轟炸中國大陸的激烈主張但共和黨的主張不見得都很激烈。例如，參院外交委員會成員史密斯的主張，就不會讓美國冒太大的風險。史密斯主張台灣地位的最終決定可以暫時放在一邊，而由台灣人、美國人，和國府三者分擔共同的權限及責任，在此期間，國府停止攻擊中共，而國府的地位則由美國及國府共同去探討〔116〕。這種主張，可謂爲「中國遊

---

〔114〕*New York Times,* International Edition Supplement, Dec. 11, 1949, p.2, col. 4.

〔115〕John Foster Dulles, cited in, I. F. Stone, *The Hidden Story of the Korean War* (New York: Monthly Review Press, 1952).

說團」的主張和杜魯門政府等待塵埃落定政策的折衷案，對杜魯門政府來說，這是不會帶來很大困擾就可付諸執行的政策[117]。

　　然而台灣海峽的風雲比〈一五聲明〉時更加告急，杜魯門政府雖因國內的情勢須修正對華政策，但是國際上客觀的局勢仍和〈一五聲明〉時相同，所以杜魯門既須對以上各種問題做政策上的考慮，但其中仍以美軍防衛台灣的問題最爲棘手。如果中共佔領台灣，則美軍所特別強調，且透過共和黨而使美國國民有所認識的戰略之島，同時也是國務院認爲具有軍事價值的島嶼：台灣，將會永遠使美國的西太平洋防衛線一分爲二。萬一出現這種情況，恐將引起「中國遊說團」、軍方、共和黨以及美國人民的反感，並使執政的民主黨在11月的期中選舉中潰不成軍。因此對杜魯門政府來說，何時出面防衛台灣只是時間上的問題，那可能是在中共具有犯台的能力時，也可能是直接侵犯台灣時。

　　1950年6月25日朝鮮突然發生動亂，此一契機使杜魯門政府不必顧慮亞洲各國的想法，得以將美國防衛台灣的時間提前。如果美國政府派遣第七艦隊到台灣，只是因爲朝鮮爆發「共產主義的侵略」（台灣中立化聲明所云），則美國政府爲了使這項行動更加正

---

〔116〕*Op. cit., Congressional Record,* Vol. 96, part 1, pp.154~155.

〔117〕無法證明「台灣中立化」政策是根據史密斯的意見制訂的。但據H. Bradford Westerfield, *Foreign Policy and Party Politics: Pearl Harbor to Korea* (New Haven: Yale Univ. Press, 1958), p.362, 史密斯雖然對〈一五聲明〉非常不滿，但他相信超黨派外交，而且一直和杜魯門政府合作，因此，他的意見似乎容易被杜魯門政府接受。事實上，「台灣中立化」政策的內容和史密斯的主張大致相同。

當化，就必須先和聯合國及其盟邦商量。但是美國政府對台灣防
衛問題，事先並未要求聯合國的支持，而和美國關係最密切的英
國之「輿論，也許和英國的政策相反，採取了片面的行動」[118]。

　　或許和共產主義的鬥爭不只是地區性的戰爭，同時也必須做全
球性的考量，因此除了朝鮮的戰事之外，當然連其他地區也應一併
進入防禦狀態；還有，防衛台灣也是和在「菲律賓、中南半島」
（台灣中立化聲明所云）等地採取同樣措施一樣，都是其中的一環。
但是在亞洲跟共黨作戰，並非始於韓戰，其實早在發表〈一五聲
明〉的1950年1月，中南半島也爆發了戰爭。在中南半島，「受中
共援助的胡志明軍隊」[119]和美國的盟邦，即聯合國會員國法國打
了起來。表明不防衛台灣的〈一五聲明〉，正是在這時發表的。所
以由此看來，我們實在不能說在朝鮮和共黨作戰是美國防衛台灣的
唯一動機。雖說「北韓的侵略性武裝攻擊，明白表示共黨已訴諸武
裝侵略及戰爭」（台灣中立化聲明所云），但實際上，中共此時尚未
派遣軍隊到朝鮮，同時也還沒開始侵犯台灣。

　　由此觀之，美國並非單純因為韓戰此一共黨的侵略行動，而
是同時考慮到軍事上的觀點才決定防衛台灣。換言之，韓戰雖是
促成防衛台灣的契機，但非唯一的原因。杜魯門政府「考慮到美
國內部的團結及國家的安全，認為在（美國）介入朝鮮以前，即使

---

〔118〕Carry McWilliams, "The Formosan War," *The Nation* (Sept. 18, 1954).

〔119〕John F. Cady, "Challenge in Southeast Asia," *Far Eastern Survey*, Vol. XIX, no. 3, p.21.

會觸怒中共也應開始防衛台灣」[120]，可見作成防衛台灣的決定，美國國內政治因素佔重要的份量，共產主義在朝鮮的侵略行動不是唯一的原因。正如麥帥左右手之一的惠特尼少將（Courtney Whitney）所指出，這項決定「不是由於軍事上的理由」[121]。「一五聲明」並不是要放棄台灣，而是等待情勢發展的一種策略；所以杜魯門政府在美國國內的要求下決心防衛台灣，是有其必然性的。

在時間上，韓戰爆發於6月25日（星期日）上午4時，這時美國東部時間是24日（星期六）下午2時，當時杜魯門總統正在回密蘇里州的故鄉度週末的飛機上[122]。

韓戰的爆發及其進展情況由國務卿艾奇遜向杜魯門做了報告，杜魯門於25日上午11點半才啟程飛回白宮，並於是日下午在白宮對面的迎賓館（Blair House）召開國家安全會議。傍晚時分，美國國防部及國務院共同提案決定，第七艦隊由菲律賓加維特（Cavite）附近北上，以免戰爭擴大到台灣海峽，同時也可阻止中共侵犯台灣及台灣攻打中國大陸。此外，又決定第七艦隊歸麥帥指揮。由於第七艦隊抵達台灣海峽需時一天半，故有關此項行動的聲明，要等第七艦隊在台灣海峽部署完畢後才發表[123]。亦即，包含美國總統在內，為因應韓戰而舉行的最高首長會議，是在戰爭爆發後22小時才召開

〔120〕James Reston, "As U.N. General MacArthur faces new tasks," *New York Times,* International Edition Supplement, July 9, 1950, p.1, col. 6.

〔121〕Courtney Whitney, *op. cit., MacArthur.*

〔122〕*New York Times,* International Edition Supplement, July 2, 1950, p. 1, col. 1.

的，而第七艦隊之派遣就是在這時決定的。

　　就杜魯門總統的處理程序來說，派遣第七艦隊似乎沒有在27日發表〈台灣中立化聲明〉來得那樣緊迫。再者，在發表〈一五聲明〉不久以前的12月31日，他雖然召開過有關遠東問題的國家安全會議，但關於〈一五聲明〉，在正式發表之前30分鐘，國防部長強森才獲知此事[124]；反觀關於〈台灣中立化聲明〉，強森不但參與決策，而且更和艾奇遜共同提出台灣「中立化」政策。如此一來，美國政府機關內部雖仍有對立，但在防衛台灣這一點上卻得到了共識。

「台灣中立化」政策及支持國府的問題

　　「台灣中立化」政策的方針是在6月25日決定、27日發表的，但要支持國府到什麼程度則未交代，同時美國對國府掌握下的各島嶼的防衛責任也不甚清楚；此一時期，美國對國府的政策可以說以防衛台灣為底線。韓戰爆發後3天，即6月28日，國府向美國政府主動要求派遣3萬3千名地面部隊到朝鮮，這項提案遭到艾奇遜、聯合參謀本部以及麥帥的一致反對。後來在8月間麥帥奉派到台灣向蔣介石說明此項決定之後，國府派兵之事乃未實現[125]。

---

〔123〕Harry S. Truman, *op. cit., Memoirs,* Vol. II, pp.334～336.
〔124〕*New York Times,* International Edition Supplement, Jan. 8, 1950, col. 2.
〔125〕Harry S. Truman, *op. cit., Memoirs,* Vol. II, pp.342～348.

認定北韓爲侵略者的聯合國安理會在6月27日向會員國建議，爲了擊退北韓的軍隊，有必要給予韓國援助。身爲聯合國會員國之一，國府要求派兵到朝鮮可以說符合聯合國的期望。同時對美國政府來說，如果使用國府的軍隊，就能在短短的「五天內」獲得兵力的補充，這在「分秒必爭的時期」是很有吸引力的[126]。然而美國政府卻拒絕國府派遣軍隊，這是由於一來可能遭到其他派兵到朝鮮的聯合國會員國反對，二來是美國政府擔心台灣的防衛力量會被削弱，但是最主要的原因還是杜魯門政府惟恐國府乘出兵朝鮮之便和大陸重啓戰端[127]。

在杜魯門總統發表〈台灣中立化聲明〉的同一天(台灣時間28日)，美國駐華大使館向國府外交部遞交備忘錄，要求國府尊重「台灣中立化」政策，「下達必要的命令，有效地禁止海空軍對在中國大陸及中國領海內的航行船隻採取行動。」[128]至於美方表明對國府掌握下的大陳島、一江山島、金門及馬祖等大陸沿岸諸島不負防衛責任，則是一個月以後的事。7月23日至25日中共炮轟金門時，美國政府聲明其監視範圍只限於台灣及澎湖[129]，這表示美國「台灣中立化」政策之目的就是要防衛台灣，而不是要支持國府。也就是說，美國在韓戰發生後，仍無意援助國府重回大陸。

---

〔126〕*Ibid.,* p.343.

〔127〕*Op. cit., Military Situation in the Far East,* Hearings, p.24; p.1763.

〔128〕*Chian Handbook 1951* (Taipei: China Publishing Co., 1951), p.115.

〔129〕*Facts on File* (June 21~27, 1950), p.236m.

　　此一時期，杜魯門政府對國府的政策是以防衛台灣爲目的，而非以支持國府爲目的，這可由「台灣中立化」聲明中對台灣國際地位的見解、美國在台代表機構和國府當局的關係，以及美國對國府軍援的實況等看得出來。

　　在〈台灣中立化聲明〉中表明「台灣未來地位的決定要等待太平洋恢復安全、完成對日和約締結，或聯合國的考慮」，此即台灣地位未定的見解。8月25日，美國駐聯合國大使古羅士（Earnest A. Gross）把國府定義爲「只不過是舊聯合國的台灣佔領軍」[130]，正反映了這種見解。

　　實施「台灣中立化」政策以後，「國府和駐台北的(美)國務院代表仍處於對立狀態」[131]，因爲韓戰此一新情勢發生後，國務院仍未改變對國府的看法。美國在該時期的對台政策，係以「近八百萬的居民不能任由(中共的)片面行動所宰制」(艾奇遜語)[132]的觀點爲基礎；至於台灣的歸屬，則採取「依聯合國憲章以和平方式解決」[133]的政策。

　　現在再看美國對國府的軍事援助。韓戰一爆發，麥帥就向聯

---

〔130〕World Peace Fundation, *Documents on American Foreign Relations,* (eds.) Raymond Dennet & Robert K. Turner, Vol. XII, Jan. 1～ Dec. 30, 1950 (New York: Princeton Univ. Press, 1951), p.453.

〔131〕Courtney Whitney, *op. cit., MacArthur,* p.374. 國務院的代表大概指美國大使館。藍欽(Carl L. Rankin)以代理公使銜於1950年8月10日到任。前任代理公使是「對台灣獨立感到興趣」的Robert Strong。

〔132〕Department of State, *American Foreign Policy, 1950～1955: Basic Documents,* Vol. II (Dept. of State Publication 6446, 1957), p.2478.

合參謀本部建議恢復對國府的軍援，以便能防守台灣使其不受中共侵犯。於是麥帥的副參謀長福克斯准將(Brigadier General Slonzo P. Fox)受命到台灣進行調查，以便擬訂計畫[134]。然而，根據福克斯調查報告的建議所籌措的軍需用品，好不容易到12月間才開始運送[135]。亦即，軍援是在發表「台灣中立化聲明」的6個月後，福克斯提出報告的4個月後才開始運送。由此可知，直到中共在11月間介入韓戰前為止，美國始終沒有給予國府軍援，即使有，也不過是少之又少。

在美援方面，和韓戰以前不同的是，美方恢復了防衛援助。包括中共介入後的2個月在內，至同年年底止共給予國府8千萬美元的防衛援助[136]。防衛援助與其說是純粹的軍援，毋寧說是具有強烈的經援性質，因此可以說韓戰使美國對在台灣的國府的經援增加了，但是不能說因而恢復了軍援。這種趨勢表示美國的政策以保持台灣的安定為目的，而非以支持國府為目的。

可是美國政府的此種台灣、中國政策，在11月中共介入韓戰及美國期中選舉過後，有了很大的變化。

11月7日，期中選舉的結果揭曉，民主黨雖然仍在參眾兩院維持多數，但在上院(參院)和共和黨的差距由12席減為2席，在

---

〔133〕*Ibid.,* p.2479.

〔134〕*Op. cit., Military Situation in the Far East,* Hearings, part 1, p.23.

〔135〕F. Riggs, *Formosa,* p.16.

〔136〕尹仲容〈台灣之美國經援及其運用〉，《台灣銀行季刊》，第10卷第3期，台北，台灣銀行經濟研究室，中華民國48年(1959)，52、56頁。

下院(衆院)的差距則由90席減到32席[137]。這次選舉，充分顯示
杜魯門政府的中國政策沒有得到美國國民的支持。實際上，許多
以外交議題參選的民主黨候選人皆敗給痛罵杜魯門政府外交政策
的共和黨候選人。在伊利諾、愛荷華、猶他、加利福尼亞及馬里
蘭各州，擁護杜魯門政府外交政策的民主黨候選人，都被以外交
政策爲選戰焦點的共和黨候選人所擊敗。民主黨政府最有力的支
持者，即3位參議員：參院民主黨領袖Scott Lucas、軍事委員會
主席Millard Tydings、以及民主黨幹事Francis Meyers紛紛落
選；反之，塔虎脫及Bourk Hikenlooper、Eugen Millikon、Homer
Capehart、Alexander Wiley等都當選連任，而且Evertt Dirksen、
John Butler和尼克森(Richard Nixon)等國府支持者或麥卡錫主
義者也分別當選[138]。杜魯門政府等待塵埃落定之政策，以及只
防衛台灣的行動是得不到美國國民的支持了。在中共介入韓戰的
情況下，對美國國民來說，和中共對抗的國府正有如反共十字
軍。至此，「由於『中國遊說團』把中國帶入美國政治的結
果，使得國府的一介軍人蔣介石及其夫人逐被神聖化。」[139]「中
國遊說團」要求美國應徹底支持國府，例如，塔虎脫主張美國應
和國府結盟，並「應允國府反攻大陸」[140]；Capehart更要求美

---

〔137〕*Facts on File,* 1950, p.367H.

〔138〕John W. Spanier, *op. cit., Controversy,* p.151.

〔139〕Mark J. Gayn, "China Lobby Myths—Underlying U.S. Policy," *The Nation* (June 5, 1954), p.4.

〔140〕*Facts on File,* 1951, p.5E～M.

國政府要「向中共宣戰」[141]。軍方的主張也隨之強硬起來。麥帥建議美國政府：應在中國大陸開闢第二戰場[142]。

其間，美國給予國府一連串的軍援。11月通過對國府陸軍的追加援助計畫，翌年2月底又通過對海空軍同樣的計畫[143]。至1951年6月30日止，美國軍援已達9千萬美元，而1951〜52會計年度更預定援助3億美元[144]。但是後來實際上的援助未及此數，只達2億7千1百萬美元[145]。不過由此可知，以中共介入韓戰及美國期中選舉爲界線，美國對國府的軍援開始大大活躍起來。

1951年1月31日，即中共介入韓戰以後3個月，美國和國府簽訂了互防援助協定，在此計畫之下，決定援助國府。4月間，以蔡斯少將(William Chase)爲團長的400〜500名美國軍事顧問抵達台灣，要將「國府軍隊整編、訓練爲現代化的軍隊」[146]。

於是，美國由不提支持國府而只專注防衛台灣的政策，進一步變爲努力重建國府軍隊並支援國府。5月18日，美國國務院負責遠東事務的助理國務卿魯斯克發表聲明說：「雖然在其統治下的領土非常有限，但(美國)承認國府……援助雖不足以決定中國的未來……但(那)對中國是有益的。」[147]這是韓戰以來，美國政

---

[141]*Ibid.*

[142]Whitney, *op. cit., MacArthur.*

[143]*Op. cit., Military Situation in the Far East,* Hearings, part 2, pp. 9C2〜903.

[144]Dept. of State, *Bulletin* (Sept. 3, 1951), p.398.

[145]Fred W. Riggs, *oP. cit., Formosa,* p.25.

[146]*Facts on File,* 1951, p.135G.

[147]Joseph Ballentin, *op. cit., Formosa,* p.131.

府首次正式聲明支持國府，而且意味著「等於美國政府無條件支持國府」[148]。

　　如此一來，美國政府開始支持後來被形容為「全靠美國支持才能統治下去的政府」[149]，即國府，不過阻止國府反攻大陸的原則——這是「台灣中立化」政策的一個環節——則仍然未變。杜魯門政府未曾援助國府反攻大陸，這可由美國政府對金門等大陸沿海諸島的態度看得出來。美軍顧問團不容許在大陸沿海諸島駐紮接受美援訓練裝備的部隊。那些島上的國府駐軍共計有6個師，都是謹慎挑選，並刻意排除美國訓練裝備計畫內的21個師。這表示由於中共在朝鮮參戰，而且又要反映美國國內的要求，因此美國改為支持國府，但其防衛範圍仍以台灣為限，所以其政策並未超出「台灣中立化」政策的範圍。

結語

　　1950年杜魯門政府的對華政策係以台灣政策為主。以時間來劃分，則可分為韓戰爆發以前、自戰爭爆發至中共介入韓戰，以及中共介入以後等3個時期。

　　在第一個時期中，杜魯門政府對國府深感失望，因而決定等待中國的情勢塵埃落定，並期望中共狄托化。這可能是以杜魯門

---

[148]Hans J. Maugenthau, *The Purpose of American Politics,* p.187.

[149]Cary MacWilliams, "The Formosan War," *The Nation* (Sept. 18, 1954).

及艾奇遜爲核心的杜魯門政府對華政策被認爲「模糊不清」[150]
的原因。但因中共對美國抱持不友善的態度，而且美國外交使節
又受到不友好的待遇，所以，在國內需與勢力強大的「中國遊說
團」打交道的杜魯門政府，就更難採取看起來似乎要與中共接近
的政策。可是在此情況下，杜魯門政府還是發表了「一五聲
明」，表明不支持國府，並在該聲明中隱然採取聽任中共侵犯台
灣的態度，以期中共狄托化。此一時期的杜魯門政府雖然認識到
台灣的戰略價值，但卻認爲其價值「尚未達到須動用美軍加以防
衛的程度」[151]。由此一事實可以說明，杜魯門政府在衡量中共
的狄托化和台灣的軍事價值兩者之後，決定選擇前者。

在第二個時期中，即韓戰爆發後不久的期間，由於中共的狄
托化沒有實現，而且美國國內「中國遊說團」要求支持國府的勢
力增強，結果政策轉變爲以美軍防衛台灣。在此時期，杜魯門政
府對國府仍然很冷淡，同時表明台灣歸屬未定的見解，顯示美國
似乎有意尊重台灣住民的意見。本時期的政策，是以使台灣和中
國大陸分屬不同範疇爲基礎，也就是「台灣中立化」政策。

第三個時期始於中共介入韓戰，「台灣中立化」政策的原則
雖然仍被遵守，但已有了質變。由於中共在朝鮮和美軍作戰而成
爲美國的敵國，同時杜魯門政府鑑於有必要使持續對抗中共的國
府存在下去，於是乃以大規模的軍援積極援助國府，以鞏固其對
台灣的統治體制。如此一來，杜魯門政府反中共的趨勢就明顯地

---

〔150〕Thomas K. Finletter, *Power and Policy* (New York, 1954), p. 84.
〔151〕Acheson, *Military Situation in the Far East,* Hearings, p.1672.

反映在其政策上。

　美國和台灣在歷史上雖然關係不深，但透過第二次世界大戰，美國認識到台灣的軍事價值，並體認到防止台灣落入不友善國家之手的必要性。然而，杜魯門政府的對台政策卻隨著對國府及中共政策的改變而變化。由於杜魯門政府「領導能力薄弱」〔152〕，而其反對勢力即「中國遊說團」卻實力雄厚，因此這種政策上的變化也應由美國國內政治的角度來加以分析和掌握。

　雖然「中國遊說團」的壓力很大〔153〕，但美國因中共介入韓戰而開始對國府之支持也僅止於維持國府對台灣的統治體制，而沒有進一步解除阻止國府反攻大陸——這是「台灣中立化」政策的一個環節——之束縛，此項政策在杜魯門政府執政期間一直未曾改變。

　艾森豪（Dwight Eisenhower）在1953年1月就任總統，並於2月發表聲明，解除由第七艦隊來限制國府反攻大陸的做法〔154〕。但據此就說杜魯門政府「三年來所實施避免介入（中國內戰）的中立化政策，被艾森豪政府改變爲片面支持中國內戰之一方」〔155〕，

---

〔152〕Cheever and Haviland, Jr., *op. cit., Seperation of Powers*, p.144.

〔153〕杜魯門政府決定防衛台灣後，中國遊說團就要求支持國府；杜魯門政府決定支持國府後，中國遊說團又進一步要求不要阻止國府攻打中國大陸。

〔154〕"Rivised Mission of the United States Sveenth Fleet in Formosa Area: Message by the President to the Congress, Feb. 2, 1953," U.S. Department of State, *American Foreign Policy, 1950~1955: Basic Documents,* Vol. II (Department of State Publication 6446), pp. 2448~2449.

是不正確的。因為艾森豪對中國所採取的反撲政策(rolling back policy)，並非行動的策略(operational policy)，而只是一種宣示性政策(declaratory policy)[156]。1954年中共攻打國府控制下的大陳島時，第七艦隊的艦砲根本「未砲轟大陸沿岸，而只將國府軍隊自大陳島撤回，就掉頭不管了」[157]。這表示艾森豪政府對蔣介石解除限制的政策，實質上也不超出杜魯門政府「台灣中立化」政策的範圍。艾森豪政府，尤其是國務卿「杜勒斯所採取的政策，是和他主張應該採取者完全背道而馳」[158]。所以「台灣中立化」政策並不只限於杜魯門政府，日後的政府也都沿用無誤，並成為往後美國對台政策的基礎。

　　　譯者註：本文於1961年脫稿，原載《台灣青年》月刊第62～4
　　　號，1966年1～3月。

---

〔155〕Allen S. Whiting, "The Logic of Communist China's Policy: The First Decade," *The Yale Review,* Vol. L, no.1 (Sept. 1960), p.10.

〔156〕Paul Nitze, "Atoms, Strategy and Policy," *Foreign Affairs,* Vol. 34, no. 2, pp.187～198.

〔157〕Joseph C. Harsch, "John Foster Dulles: A Very Complicated Man," *Harper's Magazine* (Sept. 1956), p.31.

〔158〕*Ibid.*

自決的理論與實踐

略稱的問題

「自決」(self–determination)是 self–determination of peoples/nations 的略稱。用略稱「自決」，可以避免如何翻譯 peoples 或 nations 的難題。原來 peoples 本身有各種涵義，可以指稱部族、種族、人種、民族，亦可以指稱國民。於指稱人民或臣民時用 people，近年來 peoples 也常被譯做人民。而 nation(nations)也有各種譯法，既可譯爲部族、種族、民族，亦可譯爲國民、國家。上述譯語於專指國家時，並沒有互換性，只能用 nation 或 state。這些用語，如加以辭典式的說明，應是如下：

臣民：從屬於君主的國民。

人民：構成一個國家、社會的人們。尤其是對國家的支配者而言，是指被支配者。

國民：持有國籍的人。

部族：除了保有身體特徵、文化與歷史背景的共性之外，指具有村莊共同體的特性者，等於 stock。

人種：依據皮膚顏色不同的區分，等於race。

民族：以語言、地域、經濟生活及文化共同性表現出來的心
　　　理狀態之共通性做基礎的歷史性共同體。

國家：有獨立主權的社會組織。

上述的語詞中，「國家」的意義比較明確而容易掌握，「國民」與「臣民」乃指以國家為範圍的身份關係，也比較容易認知，其他的語詞則比較不容易掌握。尤其是「民族」，不僅含有歷史、文化等因素，且具有政治性的涵義，其定義有各種說法，比較複雜。

現在對於self-determination of peoples/nations之譯詞，有民族自決、人民自決、住民自決等。如果要主張民族自決，那麼這群人到底是否已經構成一個民族，有時難免議論紛紛。如果要主張人民自決，即會發生「人民」範圍的問題：包含領域內所有的國民，或者僅止於某些種族、人種、部族等ethnic group，或者甚至個人是否也應該享有個別自決權這個問題。如果要主張住民自決，那麼長期住在外國的同類人是否能享有這種權利等問題，必然會發生。

如此，隨使用的詞語之不同，而有難題的發生。在使用歐語時，因為一個詞語包含很多內容，也會發生類似的問題。自決權和nation的概念均源於西歐，指稱民族、人民、住民自決權的歐語如下：

英 right of peoples/nations to self-determination

德 selbstbestim mungstrecht der völker

法 droit des peuples de disposer d'eux–mêmes

對於peoples, nations, folk等歐語用詞，日本國際政治學者平野健一郎曾做如下的說明：「本來，國民在英語爲nation、德語爲nation、法語爲nation；民族之英語爲folk、德語爲volk、法語爲peuple。不過在今日，英語中之nation、people均指國民、民族雙方，folk是指比民族更小的單位的人群，例如使用於一地方的住民、家族、朋友時，用做集合名詞較多。又nation和volk、nation和peuple亦有相類似的用法。」

如此把詞語互換使用於相類似的事情，在歐語也會發生與漢語詞類似的困難：即所指的究是那些人。因此爲避免概念的紛歧，或者相反地爲使概念籠統化，在歐語亦省掉多餘的字，單稱self-determination。哈佛大學敎授Rupert Emerson便曾以此詞爲論文題目。(*American Journal of International Law,* Vol. 65, no.3)

1983年12月在台灣舉行的增額「立法委員」改選時，黨外人士共同口號之一爲「自決」。他們高喊：「民主、自決、救台灣。」「自決」到底是誰的自決呢？在台灣島內，台灣民族自決這個字眼對蔣政權而言，刺激性太大，註定坐牢。而人民自決與住民自決則包含蔣政權本身，看起來是溫和多了。在這種情形下，黨外人士的心情是非常複雜的。我們可由許榮淑女士的演講看出黨外人士的決心與苦悶。《生根》革新版1號(1983年10月17日)的封底口號是「台灣的前途應由台灣全體住民決定」，11月18日演講則這樣說：「我在立法院，正式向國民黨提出『台灣的前途應由台灣一千八百萬人民自己來決定』的質詢，這是三十年

來，第一位立法委員向國民黨直接表明台灣住民的心聲與願
望！……我在這裡也要公開表明：『台灣的前途應該尊重台灣人
的意願』……。」(《生根》週刊第5期，1983年11月24日)

「台灣人的意願」，內容是非常明白的。不管如何，自決既
然是蔣政權所忌，黨外人士高喊自決，即使未明示是何人的自
決，明眼人是明白的。

自決權的演變

有人認為自決權是天賦人權之一，也有人認為在現在這一階
段，自決權僅是口號而已。因此在這裡檢討一下，國際政治上與
國際法上如何處理自決權。

從思想史看，自決權乃源於啟蒙時期的自然法思想，主張國
家之存在是社會契約的結果。到十九世紀的歐洲乃成為建立
nation state(民族國家、國民國家)的指導原則，並發揮很大的功
效。其結果，列強因戰爭取得領土時，對於新領土的住民便給予
國籍選擇權，這成為十九世紀的新潮流。不過領土的割讓並不一
定問及被割讓領土住民的意願。到了第一次世界大戰中，美國總
統威爾遜於和平14條(Fourteen Points)提起民族自決的原則。不
過他並不一定有意將此原則推廣到全世界，而限於歐洲民族中之
一部分而已。比威爾遜略早的1914年到1916年之間，列寧發表一
系列文章，主張徹底的自決權。當他推翻帝俄政府之後，起先雖
然承認芬蘭與波羅的海三國(Estonia, Latvia, Lithuania)之獨立，

但是隨而發現這對蘇聯的領土有損，而不將自決權賦予白俄羅斯、烏克蘭、Gruzia, Azerbaijan, Armenia……等，這些地方遂被迫「自發的」參加1922年成立的蘇維埃聯邦，變成聯邦內的共和國。總之，第一次世界大戰後之自決權是由強國或有權力的一方賦予歐洲的若干民族的一種權利而已，其所實行之範圍極爲有限。就全體來說，自決權仍然是一個政治上的主張乃至口號而已。

第二次世界大戰後，於1945年10月生效的聯合國憲章第一條第二項雖規定：「以尊重人民自決之原則爲基礎，發展諸國間之友好關係，以及爲加強世界和平，採取其他適當的措施……」依照國際法學者的解釋，這並不就是說人民自決成爲一種「權利」。

1948年12月20日聯合國第三屆大會所決議的世界人權宣言中並沒有自決權的規定。其實，該宣言也沒有法律上的拘束力。

不過，變化還是逐漸的發生了。

1955年聯合國第十屆總會第三委員會決定將自決權規定在國際人權規約草案第一條。關於此點，以後還有機會提到。1960年聯合國第十五屆大會以89比0，棄權9，通過「對於殖民地諸國及諸人民賦予獨立宣言」(1514/XV)。這個宣言有以下的內容：

2. 所有的peoples有自決的權利，依此權利，可以自由決定其政治上的地位，可以自由追求提高其經濟上、社會上及文化上的生活。

4. 爲了使隸屬下之人民能和平自由行使其完成獨立的權利，

對此人民之一切武力行動以及所有的壓制手段均應停止，並尊重其領土完整。

5. 為了使聯合國託管地區、非自治地區以及其他尚未獨立之地區的住民得以享受完全的獨立與自由起見，不加以任何條件或保留，應依其自由所表明的意思及希望，不分人種、信仰以及膚色之區別，為了將所有的權力移讓給他們，應儘早採取措施。

有不少西方陣營的學者認為這個宣言確定了自決權，即殖民地獨立是法律上的權利。這種看法未免言之過早，並且太樂觀，不過這個宣言在相繼發生的60年代殖民地獨立的洶湧潮流中有順水推舟的功效是無可懷疑的。

台灣是否受此宣言之恩惠，且容後討論。無論如何，以此宣言成立之1960年為界，向來對自決權採否定態度的西方國家，亦於60年代中開始承認自決權為法律上的權利。西方國家之態度上的變化具有重大的政治意義。1970年1月24日聯合國第二十五屆大會決議2625/XXV附件，俗稱「友好關係宣言」，重新確認「所有的國家有義務抑止其有損於詳述同權與自決的原則時所提到的人民應享有的自決權、自由、以及獨立的任何強制行動」。該宣言同時重新確認「依聯合國憲章所規定的人民的同權及自決的原則，所有的peoples不受任何外來的影響，有自由決定其政治地位」的權利。如此，自決權的正面肯定成了世界的潮流。

與此潮流同一步調，將自決權納入國際法的作業也在進行了。1966年聯合國第二十一屆大會通過「國際人權規約」(International Covenants on Human Rights），該規約於1976年生效，由下列三條約構成：

「關於經濟上、社會上以及文化上的權利的國際規約」（A規約）

1976年1月3日生效

「關於市民的以及政治的權利的國際規約」（B規約）

1976年3月23日生效

「關於市民的以及政治的權利的國際規約之選擇性議定書」（選擇性議定書）

1976年3月23日生效

以上均係條約，當然對締約國有國際法上的拘束力。在1984年1月19日時，該條約締約國數，A規約為79，B規約為76，選擇性議定書為31。

A、B規約均分為五部。第一部僅由一條（第一條）所構成，由此可見其重要性。A、B規約第一條的文字完全相同，各分為三項，其內容如下：

第一條〔人民自決的權利〕

1. All people（所有的人民、民族）有自決的權利。All peoples得依此權利自由決定其政治地位，並且得自由追求其經濟上、社會上以及文化上的發展。

2. All people在不損害互惠的原則以及基於國際法的國際間經濟合作所生的義務之下，得為自己的目的，自由處分其天然的財產與資源。在任何情形下，不得剝奪peoples自

己的生存手段。

3. 在非自治地區及託管地區負有行政責任的本規約的締約
   國，應依聯合國憲章之規定，促進自決權的實現，並尊重
   此一權利。

第一條的標題〔人民自決的權利〕是根據前國際司法裁判所裁
判官橫田喜三郎與日本東京大學教授高野雄一共編的《國際條約
集》的譯語。日本神戶大學國際法教授芹田健太郎編的《國際人
權條約資料集》即譯成〔民族自決權〕。其不同的由來，已在本論
文的開頭說明了。

上述的國際人權規約是條約，其拘束力限於批准該約的國
家：締約國。現在全世界167國之中，A、B規約的締約國不及半
數，至於選擇性議定書的締約國則不到五分之一。蔣政權雖已簽
字，由於被聯合國趕出，至今尚未批准。至於中華人民共和國，
到現在尚未簽字。此兩者均非締約國，當然無遵守該約之義務。
就台灣而言，如想引用該規約來牽制中國與蔣政權妨害台灣民
族、台灣人、台灣人民、台灣住民的自決權，自有其困難。不過
該規約所稱「所有的人民（民族）有自決的權利」(all peoples
have the right to self-determination)已在特殊國際法——條
約——的世界佔相當的份量，並朝向一般國際法的普遍性躍進亦
是事實。

台灣的領土權

到現在中國與蔣政權雙方均反對台灣人的自決。兩者的見解雖略有不同，卻堅持下列兩點：

1.謂：「台灣民族並不存在，台灣人是中華民族之一員。」

2.謂：「台灣是中國不可分割的領土的一部分。」

無論根據哪一種民族理論，除非台灣人自己認為是中國人、中華民族，否則要將台灣人納入中國人、中華民族裡面是講不通的。關於台灣人意識的形成過程，已在拙著《台灣總督府》(教育社歷史新書)以及其他論文略述，在此暫不論。至少，台灣人說「台灣人是台灣人；台灣人不是中國人」之時，沒有第三者有權利反對。我們知道有一些人雖然出生做台灣人，自己卻不以為然，以為自己是中國人，那又何嘗不可以呢？任何民族都有此類。《中華民國開國五十年文獻》第二編第三冊六頁對那「偉大的中國人」有這樣的描寫：「中國革命同盟會的先烈進攻長沙時，長沙巡防統領黃忠浩尚欲作忠於清廷之狀，求服清服，向北謝恩而後死。焦達峰等以其奴隸性成，不識大義，乃殺之。」

台灣既非中國之固有領土，現在亦不屬於中國，已於拙著《台灣の法的地位》(東京大學出版會)論及，在此僅將要點摘略如下：

1.台灣屬於台灣人。台灣先住民在數千年前，台灣原住民至少七百年以前就住於這個土地上，漢族系移民在三百數十年前就來到這個地方。

2.元朝(蒙古人的王朝，是岳飛等人痛恨不已的異族王朝，充其量，是蒙古人民共和國早期威風時期的大帝國)曾一時佔有

今為台灣一部分的澎湖群島。雖然如此，蒙古人民共和國也不能因為佔領澎湖（面積是0.4%），就主張台灣是其固有領土。風馬牛不相及的蔣政權與中國更不用說。

3.最先對台灣本島行使國家主權的是荷蘭共和國，在此期間插一個西班牙王國。

4.清朝佔有整個台灣歷兩世紀，這不過是台灣史上由荷蘭、西班牙、鄭王朝、清朝、日本等外來統治者支配台灣的一個鏡頭而已。其實清朝是中華民國的「國父」孫中山心目中的異族「韃虜」而已。清朝佔台灣，與他們有甚麼關係呢？

5.清朝依照國際法的方式─條約─將台灣割讓給日本。

6.1945年中華民國佔領台灣乃基於盟軍總司令麥帥之命令，其性質與盟軍佔領日本一樣，而非根據國際法──條約──取得的領土。

7.舊金山對日和約雖規定舊日本帝國領土之處分，關於台灣，僅言放棄台灣，並未明文規定割給何國。

8.蔣日和平條約亦然。其實1912年中華民國成立時，前清朝之領土台灣已經是其他國家的領土。

9.日本在1945年的和平條約處分、放棄了台灣以後，無權做二次的處分。

10.1945年建立的中華人民共和國，對台灣毫無權利的根據。

台灣屬於台灣人。至少根據以上的論點，台灣領土權之歸屬尚未決定。如果硬要以「固有的領土」這個概念來規定，今日的蒙古人民共和國、荷蘭、西班牙還勉強有資格做這種主張。哪有

中華人民共和國與蔣政權的份呢？雖然如此，中華人民共和國依然主張台灣是它的固有領土，其動機如下：

1.大國沙文主義作祟，認為領土愈大愈好，多做一點主張，有利無損。

2.蔣政權對台灣有效地支配，同時主張台灣是中國的領土，而全世界幾乎一致認為中國就是中華人民共和國，則蔣政權的主張有加強中華人民共和國對台灣領土權主張的作用。

台灣民族與台灣人民

現在台灣的總人口是一千九百萬左右，其中台灣人佔85％，中國與蔣政權都不願承認台灣人是台灣民族，其癥結在於台灣領土權。

民族的成立與存在，以其構成人員的共同意識為基本，並不因第三者否定其存在，即消滅該民族之存在。

蔣政權說：「台灣人是中國人。」真的嗎？林洋港的心態是一個耐人尋味的例子。林洋港是道地的台灣人，受蔣政權的重用，由建設廳長、省主席、內政部長步步晉昇。他在1983年底就84年3月之總統選舉被徵求意見時稱：「只有大陸人才適做領袖，台灣人不應當總統。」不管他所舉的理由如何，在台中國人當總統會得中國人的支持，如果台灣人當總統，不僅不能得到中國人之支持，因掌權中國人之叛離，台灣恐因而被中華人民共和國所攻略。做為內政部長的林洋港之發言，可見台灣人與中國人之

差距何大。

　說到台灣的自決，那就是指台灣的將來如何的問題，易言之，把台灣的歸屬定於中華人民共和國或中華民國，或是建立新而獨立的國家，由台灣的人「自己」來決定。「自己」到底是哪些人呢？現在將台灣人民的構成，台灣人與中國人的關係，表列如下：

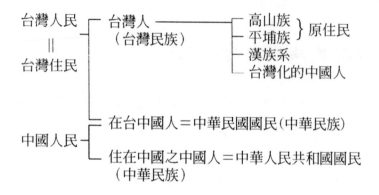

　當我們說台灣民族之「民族自決」時，乃以第二次世界大戰終戰時享有台灣籍的人及其子孫，亦即只有台灣人(台灣民族)才有決定權。戰後以支配者之姿態佔領、統治台灣的中國人無權決定台灣之將來。正如美國委託統治下的南太平洋Palau島舉行自決之際，享有行政權的居住該島的美國人不能參加自決。台灣民族自決也是一樣。在此場合，雖然出身是中國人，卻願意認同於台灣，願意成為台灣人的，當然為台灣民族之一份子，當能行使民族自決權，自不待言。

對台灣民族論、台灣民族自決論，中國人時常帶著諷刺的口氣這麼說：「如果澎湖居民主張自決或高山族主張自決，將如何？」這種問題之答案甚爲簡單。如果高山族不願意與台灣的各種族構成同一民族，則「高山民族」自應享受「高山民族自決權」，其他種族自不應加以反對。也就是說，即使把高山族、平埔族、漢族系人認做各自獨立的民族，也不能以此來做爲否定台灣的民族自決的根據。自決並不是一個地域只有一個民族的情形下才能實行，而是所有的有權利的民族都能享有。至於「澎湖自決」云云，那不是民族自決的問題，而是住民自決的問題。這種權利，當然不應加以否定。

「人民自決」的情況又如何？

以歐文表示人民自決，其字與民族自決相同，前已述及。如用漢字表示，則「人民自決」含有「住民自決」的成份。第二次世界大戰後所賦予於「自決」的，包含經濟、社會、文化等，這些我們暫時不要提起。單就政治方面而言，人民（住民）自決是指決定某一地域之領土歸屬時，依照該地域住民之意思定其歸屬。此時，住民是指在同一主權支配下的人民，但不包括具有外國籍者。以台灣爲例，得參加人民自決者，並不限於台灣人，住在台灣的中國人也有權參加，但是住在台灣的其他外國人則不能參加。中國人以支配者的身份君臨於台灣人頭上，以台灣的資源浪費於所謂反攻大陸、光復大陸、以三民主義統一中國。要讓這群人同享自決權未免太慷慨。但是雖然如此，人民自決的內容就是如此。其實，讓他們同享這個權利也有好處。第一，劊子手的人

權，台灣人也加以尊重，在國際上說服力較大；第二，他們的比率不大，不足以影響大局，以人民自決、住民自決代替民族自決也能得到同樣的結果。

自決論的功用

　　台灣實質上是蔣政權的殖民地，不過因蔣政權被逐出大陸之後，已失去其母國，因而「蔣政權台灣殖民地」這種說法似缺說服性。但每當蔣政權攻擊台灣獨立運動，必以「台灣獨立，必然招致中共之進攻，中共不能容忍台灣獨立」為藉口，以此推論之，蔣政權雖然與中華人民共和國對立，實際上乃以中華人民共和國為其母國。從這個觀點來說，把台灣規定做「以中華人民共和國為母國的蔣家外來政權的殖民地」也是可以的。其實殖民地政權不一定有母國。第二次世界大戰中，法國本土在納粹德國影響下的維琪政權手中，而殖民地阿爾及利亞在逃難倫敦、與維琪政權相對抗的戴高樂流亡政府掌握中，就是一個例子。

　　將蔣政權的性格加以規定作殖民地政權，其最大的功用在於揭開蔣政權的本質，並用以促進台灣人的奮發。但人往往因自己已居悲慘之境地而不欲承認其悲慘之事實，以免自己更淒慘。就台灣人來說，既滿足於自己已脫離日本之殖民地支配，又不欲承認自己尚為蔣政權殖民地人的事實，而以自己為國家的主權者自居尚不少。「蔣政權殖民地論」之所以不易被接受，其原因在此。在日治時代不講台灣話而專講日語，蔣政權時代專以講北京

話爲榮的知識份子較多這種傾向。對這種人，蔣政權殖民地論的功用是不大的。

那麼蔣政權殖民地論之國際功用如何？

對殖民地問題較敏感的第三世界人民而言，我們將蔣政權規定爲殖民地統治者的這種「蔣政權殖民地論」較易博取他們的支持。

十九世紀末有若干條約試圖對殖民地經營加以限制，但均未有任何實效。到了國際聯盟誕生，已有些進步。其委任統治制度雖僅限於委任統治地區範圍，但進一步以國際機關監督殖民統治。聯合國之委託統治制度是把這種監督加以擴大與充實者。聯合國憲章把適用於所有殖民地的「非自治地域宣言」規定在第十一章，而國際委託制度則規定在第十二章。在聯合國憲章中可見到的這些規定，僅止於對殖民地母國之監督。到了1960年就算尚有些問題，聯合國終於決議承認自決權爲法律上的權利的「對殖民地的國家及人民賦予獨立之宣言」。蔣政權曾於1960年對「對殖民地國家及人民賦予獨立之宣言」投贊成票，其後雖被迫脫離聯合國，自不能反對該宣言。又中華人民共和國現在雖加入聯合國，並不一定有義務承擔加入以前的聯合國所做的決議，但該國未曾明言反對該宣言，自可推論爲支持該宣言的精神。該宣言明言：「所有人民有自決之權利，以此權利得自由決定其政治上的地位。」所以理論上台灣人可以向聯合國會員國呼籲實行「自決」。

當然中華人民共和國也會主張台灣不是殖民地，但是該宣言

並不限於殖民地，乃是對所有人民(all peoples)的宣言，對台灣人民當然可以適用。

除此以外，中華人民共和國可能會主張「台灣問題爲內政問題」。對於這種主張，台灣人可以用下列論述做反論的材料：

> 「殖民地保有國以殖民地的統治問題爲自己國家之國內管轄權的事項，常以國內事項不容干涉之原則(聯合國憲章第二條七項)做口實，一貫地於聯合國憲章之成立及實踐過程中採取阻止聯合國諸機關之干預的態度。但是基於「非自治地域宣言」，聯合國不僅有管轄權，聯合國憲章也明文規定尊重「人民之自決」，並於其實踐過程中，自決已成爲法律上的權利，以此否定殖民地國家之國內管轄權。」(金東勳《人權、自決權與現代國際法》，東京，新有堂，194頁)

在聯合國討論台灣問題，因(1)台灣人在國際社會中之政治力尚有問題，(2)大多數會員國不願與中華人民共和國惹是非，(3)中華人民共和國之否決權等因素，其可行性非常微小。但台灣人不應因其難而放棄努力。要靠聯合國的討論與決議來解決是一件不可能的事，但是推展自決論之過程本身就是一種運動，可以提高台灣人認識自己是台灣民族的一份子。這是重要的一點。

集合於「自決」旗幟下

台灣人到底是獨立的台灣民族，或者是中華民族的一部分？

住在台灣的兩百萬中國人到底是否會與台灣人同化，或者會堅持
他們的中華民族主義？這個答案要看「台灣人」與「在台中國
人」到底希望在哪一種國家底下生存而定。以nation、ideology
（意識形態）二項為軸的台灣人、蔣政權、中華人民共和國這三者
間的關係，過去三十數年來並沒有太大的變化。圖示如下：

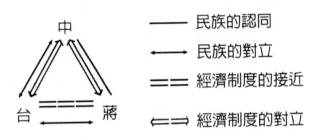

台灣人討厭中華人民共和國的政治經濟體制，並不願意當中
華人民共和國的國民。台灣人雖在政治經濟體制面上與蔣政權有
不少的矛盾，但反對中華人民共和國之政治經濟體制一事是大概
一致的。大陸之中國人與在台中國人共有中華民族意識，這種意
識可能導致國共之合作，或中華人民共和國之佔領台灣。台灣人
恐有這種事態之發生，並反對之。這種情況至今未變。

如想建立台灣共和國，必須有台灣民族主義之高揚為大前
提。另一方面，因台灣共和國之建立才能使台灣民族之存在得以
鞏固。Karl W. Deutsch如此說：「民族是指所有國家為要形成、
支持、實現共同意志，有推展準政府能力的人們。」（Deutche,

Nationalism and Its Future)那麼從來沒有受民意支持的台灣國民黨政權中，尚有欠缺台灣民族意識之人不是一件稀奇的事。不過就台灣人不願受中華人民共和國之支配很強烈並廣泛的事實來看，今後台灣民族主義會加強是很明顯的。

台灣的黨外人士從反獨裁再進一步，高唱「自決」的主張，在台中國人因而驚慌。其實，如果他們不願受中華人民共和國支配，唯有主張「自決」才是活路。以少數統治多數並不能長久。在台的年輕的中國人已覺察到，因這種不合理所形成的台灣人與中國人之間的對立已產生不利的狀況。前國民黨員之中國人立法委員雷渝齊說：「台灣人與外省人之間依然存有鴻溝。台灣人的公司招募職員時，外省人往往是被歧視的。在選舉時，外省人也不容易當選。」(《新生代》，1983年8月號，20頁)

蔣政權的政策使台灣人與在台中國人之間的鴻溝愈來愈大，其結果使做為少數者之在台中國人的地位愈來愈弱化了，雷渝齊如此地說。而持有這種看法的人也逐漸多起來了。如果這一幫人能百尺竿頭更進一步，自認是台灣人而贊成自決，他們便為自己開了一條活路。下列之第三者的理論，可供在台中國人參考，也顯示黨外人士之主張自決適合於現在的台灣：

　　「成立nation之條件，有些人常以人種、語言、宗教、文化、經濟等之同一性為準。……但是只要觀察世界上各種nation之成立，就知道這一類同一性既不是成立nation的必要條件，也不是充足條件。美國是被稱為『人種的熔爐』的多人種國家，這裏有各色各樣的宗教

和文化，連語言也有西班牙語以及其它少數語言存在。
語言雖不同，仍形成一個nation。同樣的情形在瑞士、
比利時、加拿大等也一樣。相反的，美國與加拿大、澳
大利亞與紐西蘭之間，雖共有許多相同的條件，卻並不
形成一個nation。由這些例子，我們可以說……nation
是指具有形成共同國家的『政治上的』一體意識所結合
的人的集團……。」（高畠通敏，《政治學への道案內》，東
京，三一書房，33頁）

人民自決的內容

人民自決有各種意思，通常指下列三種之一：

1. 一群人以自己的意思決定自己的命運。這是屬於信條，也
   是口號。
2. 這種信條的結果，指用武力打倒、驅逐統治者的權力，即
   反抗統治者的權利。
3. 要求人民投票，用投票的具體手段以決定自己之將來。

就台灣來說，起首的兩項是有關台灣人的意志，而最後一項
則是台灣人意志以外的其它要素。

次就人民投票一事加以考察。人民投票又稱國民投票或總投
票，這既是國內法上的觀念，亦為國際法上的觀念。

在國內法上，就憲法或國家的主權問題舉行人民投票時，稱
為plebiscite；就議會通過的政策、法案直接向選民問其是否的人

民投票，稱爲referendum（複決）。二者雖漢字同稱人民投票，內容則有差異；在歐文，則隨內容之不同，分別有其表示的字眼。

可是在國際法上，表示人民投票的plebiscite（英），Plebizit（德），plébiscite（法）與referendum（英、法）係同義詞，同指現地住民以投票方法決定該地區之歸屬的制度（不過德文的Referendum，通常指瑞士的國民投票）。這個制度的基本精神在於尊重現地住民的意思，亦含有切斷有關國家將來干涉該地域歸屬問題的可能性的用意。

人類的歷史具有領土爭奪的一面，任何在地球上的陸地，就歷史上、民族上以及國際法上均有混雜不清的主張存在。欲解此一混雜不清的關係，不用武力，而以現地住民的意思來解決此一難題的，就是人民投票，這是一種和平的解決方法。不過不因其是和平的解決方法，有關各國就會支持這種方法，在投票中可能立於敗方的國家當然會反對。因此，人民投票常在戰敗國支配之領土上，戰勝國用其無比的強制力加以實施。第一次世界大戰後之領土處理，多見其例：

1.Schleswig　丹麥、德國　1920年

2.Allenstein　波蘭、東普魯士　1920年

3.Marienwerder　波蘭、東普魯士　1920年

4.Klagenfurt　奧地利、南斯拉夫　1920年

5.Upper Silesia　德國、波蘭　1921年

6.Sopron　匈牙利、奧地利　1921年

7.Saar　法國、德國，現狀　1935年

以上是戰敗國領土被處分之例，第二次大戰後，人民投票在聯合國託管地區就其歸屬發生效用：

1. Togoland　1956年
2. Cameroom北部　1959年
3. Western Samoa　1961年

與此不同的一個有趣案例是北非洲的阿爾及利亞(Algeria)。

本來法國對阿爾及利亞採取本土與海外領土一體化政策，將阿爾及利亞問題視為國內問題，彈壓阿爾及利亞獨立運動。但是於1962年成立的「停戰及關於將來阿爾及利亞自決之愛比安協定」，於同年4月在法國本國舉行可否在阿爾及利亞實施自決的人民投票，86％的法國國民投了贊成票，又在法國政府協助下舉行關於阿爾及利亞可否獨立的阿爾及利亞人民投票中獲得91％的贊成票。阿爾及利亞經過長期的獨立鬥爭，終於由人民投票取得獨立。海外領土如需相當高代價方能保持時，不如放棄。這是在戴高樂總統領導下的法國英明選擇之結果。

中國與人民自決

人民自決之於中國，像是一個陌生的存在，不過就辛亥革命以後的歷史來看，雖有若干歪曲，但也常有類似人民自決的情形：在革命過程或內亂期中，常見的各省獨立或聯省自治就是。當然這些並非經由人民投票而來，而是各個軍閥為保全自己的勢力所為，同時人民也希望藉獨立來與戰亂隔離。

就中國共產黨來說，不僅對朝鮮，對台灣的獨立也表示過贊成的態度。毛澤東在取得中國共產黨領導權後，於1936年有這樣的發言：

> 「如果朝鮮人民願意脫離日本帝國主義的桎梏，我們對於他們的獨立鬥爭將予以熱烈的援助。對於台灣也是一樣。」(Edgar Snow, *The Red Star over China*, p.38)

> 「中國於人民革命勝利之後，蒙古共和國會自發的成爲中華聯邦的一員。」(*ibid.*)

對外蒙古尚有戀情的此時期的毛澤東，把台灣當做與中國有別的存在，而對台灣之獨立加以贊成。1938年發表的《論新階級》，毛澤東以「台灣民族」表示台灣人。

有趣的是毛澤東後來贊成外蒙古的人民投票。

如衆所知，蒙古人建立過大元帝國，把中國地域劃入其版圖，元朝滅亡以後，兩者又分離。到了清朝時，外蒙古歸入清朝的版圖之內。辛亥革命發生後，外蒙古便於1911年12月以「大蒙古國」之名宣佈獨立。當時忙於應付第一次世界大戰前夕的帝俄未能予以積極的援助，因此一年之後(1912年)，蒙古倒退一步宣佈自治。蘇維埃革命之後，蒙古失去依靠，乃於1919年11月在中華民國北洋軍閥之壓迫下取消自治。

其後蒙古於1921年2月在白俄軍協助下成立「大蒙古帝國」，但不久又消失。後來於同年7月在紅軍支持下成立「蒙古人民政府」，同年12月變爲立憲君主國；至庫倫活佛1924年死亡的當年7月1日成立「蒙古人民共和國」。

　　從中國來看，蒙古獨立之背景常有俄羅斯的陰影是一件不可容忍的事。1945年美、蘇、英三國在雅爾達協定中同意「維持外蒙古(蒙古人民共和國)的現狀」。中華民國政府外交部雖在1946年1月20日聲明不受雅爾達協定之任何約束，但在巨大的國際壓力下也無可如何。國民政府本身業已在1945年8月簽訂的《中蘇友好條約》中同意「外蒙古之獨立問題由公民投票解決」，公民投票就是人民投票。易言之，以蔣介石為主席之中華民國國民政府同意以人民投票方式解決蒙古的獨立問題。

　　1945年10月22日外蒙古舉行人民投票，有投票權者計494,960人，有98.4％的人參加，沒有一張反對票(江上波夫編，《北亞史》，東京，山川出版社，169頁)。異常高的投票率及無反對票無疑是蘇聯硬作出來的把戲，但是對此一投票結果，中華民國政府不提異議，於1946年1月承認外蒙古人民共和國。

　　中華人民共和國又如何呢？曾經期待過外蒙古能成為中華聯邦一員的毛澤東，於1949年10月1日成立中華人民共和國後，即於同月16日以兩國政府首腦的照會方式互相承認，建立外交關係。(《人民日報》，同月17日)

　　就這樣，無論是中華民國，還是中華人民共和國，雖係考慮對蘇關係而來的決定，還是接受外蒙古人民自決的結果：蒙古人民共和國。

台、中、蔣三者的考慮

以人民投票的方式決定台灣的將來，對台灣人、中國、蔣政權三者究竟有何利弊？

先就台灣人來看。以台灣人來說，台灣本屬於台灣人，如以人民投票決定其歸屬，不一定能排除台灣歸入於他人之手，在方法上是不智的。因爲中國與蔣政權如果也有權加入人民投票的行列，無異是給本來沒有權利的人賦予權利。蔣政權現在實際上支配台灣，尚有話說，但中華人民共和國對於台灣，談不上有任何權利。但是從反面來說，中華人民共和國是台灣的強鄰大國，台灣人欲斷其野心，絕其禍根，用人民投票表明台灣人不願受中華人民共和國支配的意思，也是一件有意義的事。

就蔣政權來說，在自己統治區域內舉行人民投票，無異是給自己找麻煩。是在台灣情勢不穩時舉行人民投票，更無異是火上加油。這樣說來，人民投票似對蔣政權沒有一點好處。其實不然。蔣政權爲對抗中共，當初重點在軍事，而軍事力量差異過於明顯之後，即於1958年後退到「三分軍事，七分政治」，到了1981年，連「三分軍事」也不談了，只會叫喊「以三民主義統一中國」。誰能保證不會狸貓換太子，提倡包括自己在內的「台灣人民」的自決，用以做爲防止中華人民共和國併吞台灣的唯一途徑？投票是可以操縱的，選擇項目中不列入台灣獨立(新國家的建立)，光限定(1)願意在中華民國之名下生存，或(2)願意在中華人民共和國之名下生存，兩個項目，以現在台灣住民對中共的恐懼心理來說，蔣政權是穩操勝算的。蔣政權更可以運用多年積累下來的各種選舉魔術、變戲法，加以發揚光大是輕而易舉的。以

投票的有利結果，向內外誇示「受人民支持」，同時阻止中共之領土主張，亦可用以封殺台灣領土歸屬未定論。

在人民投票的選擇項目中不列台灣獨立的項目，自不能算做真正的人民投票，又，人民投票未經國際機關或有關諸勢力或其他第三國的監視，當然也難期公正無私。但是依照國際上常有的現象，連掌權派自做的把戲亦有其一定的效果，外蒙古獨立時的人民投票就是一個好例子。由此觀點來講，並不能完全排除由蔣政權主動行使人民投票的可能性。

次就中華人民共和國來看。

現在在台灣統治台灣的蔣政權也主張：「中國只有一個，台灣是中國的一部分。」因此被世界公認能代表中國的中華人民共和國政府的對台主張，可以說有相當的說服力。無論是和平的，還是武力的解決方法，其對台灣之一舉一動均受國際上的關注。同時，中華人民共和國政府也知道台灣人很少支持中華人民共和國，連在台灣的中國人是否會支持中華人民共和國，尚屬疑問。因此，中華人民共和國根本不會贊成台灣的人民投票。中華人民共和國儘管嘴上說「不會成為超級大國」，事實上則以能與美、蘇鼎立為三而以大國自居。該國自不會採取迂迴戰術：先承認台灣之人民投票，以此取得台灣住民的好感之後，再在國際政治舞台上取得台灣的協助，進而期待由台灣本身提出合併的要求。

因此，不管是哪一種方式的人民投票，事先取得中華人民共和國同意是不可能之事。唯一的方法是不管中國怎麼想，先塑造一個既成的事實，等其態度變化而已。

人民投票的實際問題

　　經由聯合國的人民投票，因中華人民共和國爲聯合國安全理事會的常任理事國，是不可能的。欲期待對蔣政權有絕大影響力的美國施加壓力，要蔣政權自動舉行人民投票，也是一件難事。只要蔣政權認爲人民投票對自己不利，若加諸壓力，可能使其跑到中華人民共和國的身邊，這是美方的顧慮。

　　就台灣人自己來看，儘管台灣人如何強力主張人民投票，蔣政權是不會答應的。台灣人可以迫使蔣政權舉行人民投票，或台灣人自行人民投票之時，就是台灣獨立達成的時期。在這階段，人民投票已不是達成台灣獨立的手段，而是對外表示台灣獨立是台灣住民意願的作用較大。

　　如此，眞正的人民投票本來是決定台灣住民之將來的手段之一，但實際上困難重重：想期待聯合國、美國或中國給予實現，不可能；欲期待蔣政權舉行眞正、公正的人民投票，等於緣木求魚。

自決論的功效

　　雖然如此，台灣人自有提倡自決論的必要。不管是民族自決，還是人民自決、住民自決，自有提高台灣人意識乃至台灣民族意識的功效，有益於團結台灣人的作用。不僅如此，將來爲阻

止中華人民共和國入侵台灣，毫無同盟國的台灣更有必要爭取國際上的同情與理解。爲爭取國際上對台灣、台灣人的同情與支援而努力，並不意味著會損及台灣人的自主性。相反地，提高國際上對台灣人的了解，可以影響台灣人的游移階層，給予自信心。不管是在聯合國，或以各國政府、議會、民間團體爲對象的外交場合，呼籲他們對台灣民族自決、台灣人民自決予以理解與支援的過程本身有助於累積台灣人的力量，也就是獨立運動中重要的一環。

對黨外人士之「自決」主張，蔣政權常以「自決爲台灣獨立運動者的主張」、「台灣獨立在國際上沒有人支持，反而會引起中共的武裝進攻」爲宣傳。後者很顯然是一種詭辯。

試舉一例。

1983年11月9日，美國參議院外交委員會舉行「關於台灣之將來的決議」（美國參議院決議第74號）的聽證會，其中有各色各樣的質問，美國國務院於印刷聽證會記錄時，後來另以書面向外交委員會提出回答如下：

第六問：台灣如果宣佈獨立，你想中華人民共和國是否會採取軍事行動？對此，美國對台灣應負何種責任？

答：我們知道北京方面時常言及台灣宣佈獨立會引起中國武力干涉。

我們屢次明言，（中國）武力干涉的決定將會與美國的政策衝突。我提醒諸位注意台灣關係法第三條C項之下列規定：

「台灣之安全、社會制度、經濟制度如受威脅，以及因而美國之利益淪於危險的境地時，總統應儘速通知國會總統及國會，應依憲法所規定之手續，就其危險決定適當的行動。」

上述引文，簡單說就是：

美國並無意推動台灣獨立，如果台灣宣佈獨立，而中華人民共和國以武力干涉，美國並不會坐視，願意採取包括阻止在內的其他相應的適當行動。

蔣政權宣傳，如台灣宣佈獨立會招致中共派兵干預，而全世界的人會坐視不問一事，就美國來說不是眞實。蔣政權想孤立台灣人，使台灣人自己無能爲力，我們絕不應上當。台灣人爲了增加國際上的支援，更應高唱台灣民族自決、台灣人民自決。

譯者註：本文原載《台灣公論報》，〈自決的理論與實踐〉，1985年8月22日。

國家圖書館出版品預行編目資料

台灣淪陷／黃昭堂著；張國興，黃英哲，王義郎譯．
－－複刻新排版．－－台北市：前衛，2005〔民94〕
208面；21×15公分

ISBN 957-801-462-7(平裝)

1.台灣－歷史－論文，講詞等

673.2107   94004189

《台灣淪陷》

著　　者／黃昭堂

譯　　者／張國興・黃英哲・王義郎

責任編輯／吳忠耕・林文欽

前衛出版社

地址：112台北市北投區關渡立功街79巷9號

電話：02-28978119　傳眞：02-28930462

郵撥：05625551 前衛出版社

E-mail：a4791@ms15.hinet.net

Internet：http://www.avanguard.com.tw

出版總監／林文欽

法律顧問／南國春秋法律事務所・林峰正律師

凌域國際股份有限公司

地址：台北縣五股工業區五工五路38號7樓

電話：02-22983838　傳眞：02-22981498

出版日期／2005年4月複刻新排版第一刷

Copyright ⓒ 2005   Avanguard Publishing House

Printed in Taiwan   ISBN 957-801-462-7

定價／250元